D0889350

El trastorno bipolar y la familia

Sobrevivir en los extremos

DR. ERNESTO LAMMOGLIA

El trastorno bipolar y la familia

Sobrevivir en los extremos

Grijalbo

El trastorno bipolar y la familia

Sobrevivir en los extremos

Primera edición para Estados Unidos: agosto, 2008
Primera edición para México: enero, 2009

www.rhmx.com.mx

Comentarios sobre la edición y el contenido de este libro a:
literaria@randomhousemondadori.com.mx

ISBN 978-607-429-154-4

Impreso en México / *Printed in Mexico*

Con cariño, respeto y gratitud al maestro y doctor
Guillermo Calderón Narváez,
así como a María Amparo, Lourdes y María Helena

Índice

Agradecimientos 13
Introducción 17

1. El trastorno afectivo bipolar 29
Antecedentes 29
El desequilibrio bioquímico 31
Sintomatología 34
  Episodio depresivo 35
  Suicidio, desenlace fatal 46
  Episodio maniaco 48
  Episodio hipomaniaco 54
  Episodios mixtos 54
  Eutimia 55
Tipos de trastornos bipolares 56
  Trastorno afectivo bipolar tipo I 56
  Trastorno afectivo bipolar tipo II 56
  Ciclotimia 56
Abuso de substancias tóxicas 60
Niños 61
Adolescentes 68
Embarazo, posparto y lactancia 71
Creatividad 74
2. Lo que NO es trastorno bipolar 77
Trastornos imitadores 80
  Trastornos por ansiedad 88
  Trastornos de la personalidad 97
  Enfermedades físicas imitadoras de la Depresión 114

3. Tratamiento y recuperación 125
Medicación 125
Estabilizadores del ánimo.......................... 126
Medicamentos adicionales para un episodio maníaco 127
Medicamentos antidepresivos 127
El medicamento preventivo 128
Terapia electroconvulsiva.......................... 131
Hospitalización 132
Recuperación....................................... 132
Responsabilidad.................................... 136
Psicoterapia 138
Terapia racional emotiva 140
Terapia en grupo 142
Psicoeducación..................................... 148
Dormir bien.. 150
Reducir la tensión 151
Alimentación 151
Ejercicio.. 152
Actividad sexual................................... 153
Trabajo 153
Servicio 154
Práctica de la meditación.......................... 155
4. Para familiares y amigos, ¿qué hacer? 159
Aprender a detectar los signos 161
Ante un episodio depresivo 162
Pedir ayuda 163
La medicación 163
Saber que no es fácil 165
Dignidad y respeto................................. 166
Empatía y comprensión 166
Escuchar sin preguntar.............................. 167
No se lo tome como algo personal.................... 168
Ofrecer apoyo 169
Afirmar su valor................................... 172
Mantener el sentido del humor 172
Fomentar una vida saludable......................... 173

Aprender qué le hace sentirse mejor 174
Ante el riesgo de suicidio 175
Ante un episodio maniaco 183
Monitorear su comportamiento 184
Qué hacer en una crisis 185
Periodos de normalidad (eutimia) 187
La salud emocional del cuidador 188
Los cuidados a uno mismo 189
Ofrezca ayuda a quien cuida de un enfermo 191
La familia 191
La pareja 195
Los hijos 196
Parientes y amistades 198
5. El trastorno bipolar en México 201
El estigma social 204

Centros de ayuda en México 215
Bibliografía 231

Agradecimientos

Los últimos cinco años de vida profesional he sido literalmente "bombardeado" con información directa, verbal y escrita sobre casos relacionados con diversas formas de "acoso", hostigamiento y violencia en las empresas, instituciones, oficinas, dependencias oficiales, sindicatos, industrias, pequeños y grandes comercios, etc., así como situaciones de violencia vividas o sufridas en el ámbito escolar; ya sea en las aulas o en los campos deportivos o de recreo escolar, entre iguales, es decir, alumnos contra alumnos, o entre éstos y sus maestros, y autoridades o viceversa, autoridades o maestros que acosan, amenazan o castigan a los educandos, o bien el hostigamiento individual hacia sus agremiados en el ambiente laboral. Por ello, la propuesta a mi editorial de la elaboración y posterior publicación de uno o dos volúmenes: uno referido al acoso laboral y otro al *bulling*, término usado en el mundo occidental para la violencia entre estudiantes. A pesar de mi intervención, la editorial concluyó que era prioritario tratar de escribir una compilación lo más completa posible, pero accesible a todo público, sobre un trastorno mental, el trastorno maníaco-depresivo o también llamado bipolar, al cual en la actualidad todo mundo hace referencia; sobredenominando en ocasiones los signos y síntomas de sus conocidos o familiares y aplicándole el diagnóstico en forma indiscriminada, y por demás equívoca, a todo aquel que presenta cambios en el estado de ánimo y en el comportamiento consciente.

En un principio —confieso— esta ignorancia me pareció exagerada porque estaba y estoy muy preocupado por lo excesivo de los casos y reportes de violencia laboral y escolar, como lo digo en párrafos anteriores, pero mis amigos de Grijalbo me convencieron de la necesidad de precisar los conceptos más necesarios acerca del trastorno bipolar y hacerlos del conocimiento de la sociedad. Cuando la licenciada y futura maestra en psicología Eugenia Martucci Campos me hizo favor de revisar la literatura científica reciente a ese respecto, me motivaron la cantidad y calidad de artículos de investigación básica, clínica y de terapia que se han publicado sólo en estos tres años, me fui de espaldas y concluí que Grijalbo tenía razón: era urgente informar lo que hoy se supone deberíamos saber los médicos.

Por ello, mi primer agradecimiento es al director general de Random House Mondadori, por su sensibilidad social al sugerirme el tema de este libro como una prioridad; gracias por esto.

Como lo hago en otras publicaciones, he de mencionar y agradecer la participación de personas clave en el trabajo de recopilación bibliográfica, recolección de material, solución de casos clínicos, estrategias de trabajo, redacción y revisión editorial y sin quienes —definitivamente— no podría por muchas razones realizar un trabajo así.

En Concha Latapí, sin duda alguna la clave de este pequeño gran equipo, su visión editorial, su conocimiento de la temática social, su experiencia cada vez mayor en todo lo concerniente a las ciencias de la conducta y su gran capacidad como divulgadora de éstas la han convertido desde hace más de 10 años en el punto de partida de todo proyecto de difusión editorial. A Concha como siempre, como es y como debe ser, el reconocimiento a su trabajo, su eficacia, su prestancia y su capacidad innegable. Como siempre, ella es el artífice de esta compilación.

A Eugenia Martucci, quien se unió al proyecto hace cinco años, mi admiración y respeto por su trabajo profesional, técnico y material y por todo el tiempo que sacrificó de su trabajo clínico como terapeuta y académico (en esta última fase de su maestría), para dedicarle muchas horas a solucionar, corregir y pulir mis errores, incompetencias y premuras, excepcional prudencia y criterio.

Al equipo base de Himeco, jefaturado por la licenciada en educación y terapeuta de Constelaciones Familiares Aurora González Azuara, quien quitando horas al tiempo que dedica a sus múltiples actividades, coordina nuestro trabajo y contactó a quienes desde la editorial determinan tiempo y entrega de nuestra labor.

Al equipo de Himeco-Radio del programa *Lammoglia, la familia y usted*, que a través de la licenciada en ciencias de la comunicación Sandra González Rull solucionó las llamadas, correos electrónicos y cartas por casos clínicos, preguntas y cuestionamientos acerca del tema.

Gracias a la licenciada y maestra en psicología Tony Revilla, a Isis, a Verónica y a Tonatiuh.

Gracias a las nuevas colaboradoras del programa radiofónico Guyis Díaz Riquelme y Mariana Trujillo.

Gracias a mis pacientes con trastorno bipolar, quienes han sido los mejores maestros, por el aprendizaje, comprensión y entrega en este padecimiento. Gracias por su confianza en mi trabajo, su entusiasmo, su alegría recuperada, su solidaridad y su afecto.

Gracias.

Introducción

La experiencia personal que me llevó a presentar los primeros episodios depresivos en mi infancia y el conocimiento de la Depresión, con mayúscula cuando hablamos de la enfermedad, fue algo muy vago (como tantos otros conocimientos acerca de las enfermedades que afectan la conducta, los afectos o las funciones mentales), en la información que mis padres tenían de lo complejo y vasto de estos trastornos.

Durante mi aprendizaje en la Escuela Superior de Medicina, la idea general que se tenía de dichos trastornos reducía la visión de los médicos generales a considerar, casi exclusivamente, a las enfermedades llamadas *psicosis* y la enorme gama de disfunciones relacionadas con la ansiedad y que afectan el carácter y el comportamiento de muchos seres humanos como poco graves, y genéricamente eran llamadas *neurosis*.

Conocíamos las secuelas de algunos padecimientos orgánicos, o infecto-contagiosos (como las encefalitis y meningoencefalitis), o bien, secundarios a accidentes que afectan el tejido cerebral y, consecuentemente, las funciones cerebrales, tanto las relacionadas con los afectos, la conducta y los estados de ánimo, como las intelectuales o cognitivas.

El mundo de la psiquiatría y la psicología para los jóvenes estudiantes de medicina de los años cincuenta y sesenta era algo circunscrito al estudio de la filosofía, al empirismo y a mis pobres conocimientos de la neurología, porque las ciencias biológicas y especialmente las neurociencias apenas empezaban a explorar la relación directa entre el funcionamiento neuronal y una amplia gama de respuestas del sistema nervioso central como la motricidad; la sensibilidad al calor, al frío y al dolor; la coordinación de los movimientos gruesos como la marcha; o la coordinación de los movimientos finos como los de los ojos, la lengua y los dedos de las manos. En ese entonces empezábamos a vislumbrar cómo la biología celular y el conocimiento de las funciones del sistema nervioso nos señalaban, al principio "tímidamente", que la conducta era algo fundamentalmente orgánico y con un origen bioquímico, es decir, genético.

A pesar de que los jóvenes médicos ya teníamos conocimiento de este primer aspecto de la relación entre las ciencias médicas y la conducta, siendo yo estudiante de medicina y después residente de psiquiatría, el término que aplicábamos para definir o denominar a la *Depresión* como enfermedad era el de *"Melancolía"*. Este término, que etimológicamente proviene del griego *melanós-negro* y *cole-bilis,* permitía al estudiante hacerse una idea un poco más clara para diferenciar la Depresión de la tristeza. Era muy fácil recordar cómo en nuestra familia, en el coloquio cotidiano, se aplicaba a veces correctamente la consabida frase "estoy de un humor negro".

La bilis desde Hipócrates era, junto con la sangre, el sudor y la orina, uno de los "humores" más conocidos. Padecer melancolía era posible cuando el malestar era superior cualitativamente a la simple tristeza. El conocimiento de los griegos llegó más allá de la detección y definición de la "melancolía" y ellos ya describían una enfermedad que presentaba signos y síntomas en los que se alternaba la melancolía con un humor exaltado. Para nuestra suerte, hace unos meses tuvimos la oportunidad de recibir una publicación reciente de Thomson PLM (2006), distribuida por cortesía de Lundbeck México, donde la doctora Laura Torija y el doctor Daniel Ordaz publican un extraordinario y didáctico ensayo titulado *Actualidades en trastorno bipolar* en el que señalan que: "este estado de locura delirante (reconocido por los antiguos griegos) definía la existencia de una enfermedad con humor exaltado". Su relación con la melancolía —mencionan Torija y Ordaz— probablemente fue notada desde el siglo I a.C. por Soranus, quien describió la manía como "una enfermedad con remisiones y que en algunos pacientes se combina con la melancolía (insomnio continuo, estados fluctuantes de enojo, alegría y algunas veces de tristeza e inutilidad durante el mismo episodio)". Como puede verse, Soranus se adelantó muchísimo a su época y haciendo una descripción detallada de lo que ahora se considera un episodio maníaco mixto; sin embargo —continúan explicando—, es Aretaeus de Capadocia (150 d.C.) quien hace una descripción más explícita de la relación entre los dos extremos de las enfermedades del estado de ánimo. Pensaba que la melancolía era el inicio o una parte de la manía. Aretaeus efectuó una exposición extraordinaria de la manía eufórica, como la conocemos en la psiquiatría contemporánea; de este modo: *existen infinidad de formas de manía, pero la enfermedad es sólo una. Si está asociada con alegría, el paciente puede reír, jugar, bailar noche y día e ir al mercado sintiéndose coronado como si hubiera salido vencedor de algún concurso o arte.*

Diecisiete siglos después, cuando las condiciones del tratamiento del paciente psiquiátrico se conocieron mejor y el "abordaje" terapéutico de las enfermedades mentales se tornó más humano, los clínicos efectuaron una observación cuidadosa y longitudinal de los enfermos. De esta manera, examinaron la evolución y lograron el agrupamiento estructurado de los síntomas. Las primeras denominaciones o intentos de clasificar el padecimiento que nos ocupa aparecen con Jean Pierre Falret (1854), quien acuña el término *locura circular* y que su contemporáneo Jules Gabriel Baillarger llamó *locura de doble forma*. El concepto de *locura circular* identifica un trastorno con una importante regularidad entre los ciclos mórbidos y de total remisión, con mal pronóstico cuando los intervalos libres de síntomas son cortos.

Los libros en los que estudié psiquiatría clínica usaban esa terminología. Hubieron de transcurrir muchos años, y lo relato ampliamente en *Las máscaras de la depresión* de Editorial Grijalbo, para que como psiquiatra pudiera explicar al paciente y a sus familiares la enorme diferencia entre Depresión o Melancolía y el estado de ánimo que todos llamamos tristeza, natural, normal y frecuente en cualquier individuo. Con los años, el público ha aprendido ampliamente a establecer dicha diferencia. Resulta fácil actualmente que hombres y mujeres, niños, jóvenes y adultos se "autodiagnostiquen" y en su discurso diario aparezcan con frecuencia frases como "estoy en la depre", "me siento deprimido", "padezco depresiones", etc., sobredimensionando peligrosamente el concepto y el criterio que tenemos los médicos cuando hacemos un diagnóstico de este tipo.

De esta paradoja (reconocer la depresión correctamente, o bien sobrediagnosticarla) se origina uno de los problemas más frecuentes en la práctica médica, en la ética psiquiátrica y en el tratamiento, muchas veces inútil o inapropiado, de centenares o miles de seres humanos que se sienten *mal*, es decir, presentan algún tipo de malestar difuso, impreciso, vago, y que se han propuesto convencerse a sí mismos, a la familia y al médico de que lo que tienen es una Depresión mayor.

Llevamos algunos años tratando de precisar que ni la tristeza, por grave que sea, ni el dolor emocional, ni el sufrimiento, ni el humor negro son Depresión. Así mismo, tenemos mucho tiempo tratando pacientes que no se "autodiagnosticaron", pero que sí fueron diagnosticados erróneamente como deprimidos tanto por médicos generales como por psicólogos y, lo más grave, por médicos psiquiatras que confundieron seguramente, o no pudieron precisar con el paciente, que *los estados de ánimo depresivos* que acompañan a muchas entidades clínicas como los trastornos de ansiedad, los trastornos de personalidad, las adicciones, las demencias o simplemente situaciones en las que el individuo presenta sentimientos de soledad, de inseguridad o de baja autoestima no son Depresión, sino respuestas a un estado de ánimo o un humor depresivo que muchas veces se acompaña de sentimientos de culpa exagerados y autorreproches y que todo ello se puede modificar o no a través de algunos tipos de terapia convencional o no convencional; pero ni la tristeza ni el mal humor, ni los sentimientos de culpa, ni la inseguridad se eliminan con fármacos.

Con el tiempo, esta pequeña batalla contra la ignorancia o el desconocimiento de la sociedad acerca de los mitos y las máscaras de la Depresión se empezó a complicar cuando una de las tres formas clínicas más aceptadas de la Depresión, la psicosis maníaco-depresiva (hoy denominada trastorno bipolar), empezó a conocerse perfectamente y a difundirse profundamente su sintomatología.

A los treinta años de edad y después de haber terminado mi especialidad, estaba seguro (porque así lo indicaban los textos y lo confirmaban los maestros) de que el primer episodio depresivo o maníaco del padecimiento se presentaba alrededor de los cuarenta años de edad, aunque la experiencia clínica de los siguientes quince años parecía indicarme que no era exactamente así, puesto que teníamos pacientes entre los treinta y cuarenta años con una evolución clínica muy definida. Fue hasta el año 1986 cuando tuve la oportunidad de saber por primera vez, a través de la lectura de un reportaje de Joseph Alper en la revista *Science* (cuya traducción al español sería *Depresión en edad temprana)*, que el trastorno bipolar podía y había sido ya diagnosticado en niños. Este artículo cambió por completo mis ideas, mis conceptos y mi visión acerca de la Depresión y el trastorno bipolar, sus orígenes, etapa de presentación, tratamiento y pronóstico.

Alper habla en este reportaje del caso de Ben, un lindo niño de ocho años de edad que fue llevado en 1974 con Robert de Long, uno de los pocos psiquiatras que en aquellos años se interesaban en enfermedades mentales infantiles. Ben, siendo un niño muy inteligente, se había vuelto agresivo, desagradable y extremadamente destructivo. El psiquiatra vio que era un clásico caso maníaco-depresivo de comportamiento violento y agresivo, seguido de una profunda Depresión. Le prescribió un tratamiento con litio y el menor mejoró notablemente. Ben fue afortunado al haber sido llevado a un médico que no aceptó la idea ortodoxa de que los niños no pueden ser maníaco-depresivos. Gracias al diagnóstico temprano, el litio y una psicoterapia de apoyo, Ben se convirtió en un estudiante bien adaptado. Este caso, repito, cambió mi concepción personal del padecimiento y me obligó a buscar más información, reciente y objetiva, que cubriera los enormes vacíos de conocimiento que padecía. Y así pasaron otros 20 años.

Quiero agregar a este relato que además (y esto es anecdótico) leí este artículo con otra intención, pues me habían sugerido que investigara acerca de los trabajos que inició en los años 70 el psicólogo norteamericano Steven J. Suomi (que en esa época trabajaba en la Universidad de Wisconsin en el National Institute of Mental Health —NIMH—) estudiando el comportamiento de las crías de los monos Rhesus, dándose cuenta de que ciertas crías, al ser separadas de sus madres por periodos breves, mostraban síntomas que, de ser observados en los humanos, se diagnosticarían como depresivos: alteración del ánimo y del comportamiento, relajamiento y ciertas anormalidades bioquímicas. Además, presentaban una reacción favorable a los antidepresivos. Suomi señalaba varias similitudes con la depresión humana como que: "Durante la infancia y la niñez los animales deprimidos son tímidos. Durante la adolescencia son más inquietos y desafiantes y, de hecho —afirma—, creemos observar conducta suicida. Luego en la adultez son de nuevo tímidos y solitarios. Esto es una verdadera imagen de las diferentes manifestaciones de la Depresión humana a través del desarrollo".

Pero la mayor sorpresa de la lectura de este trabajo de Alper no fue el hecho de que existieran niños y jóvenes ya diagnosticados con trastorno bipolar, sino que, como los monos Rhesus, el comportamiento irregular que padecían respondía mejorando notablemente con el uso de antidepresivos tricíclicos y carbonato de litio, lo que ¡por fin! parecía confirmar definitivamente la teoría bioquímica del origen de la Depresión y el trastorno bipolar. Y seguían las dudas y los descubrimientos.

Como lo digo en un párrafo anterior, tuvieron que transcurrir otros 20 años para que, como médico psiquiatra y consultor médico del movimiento 24 Horas de Alcohólicos Anónimos, pudiese aceptar además que muchos pacientes mal diagnosticados, o diríamos "subdiagnosticados" con trastorno bipolar, presentaban fases muy severas de "actividad alcohólica circular", esto es que, como dipsómanos (dipsomanía es beber por temporadas y dejar de beber por temporadas largas), eran catalogados o calificados como enfermos alcohólicos sin tener los rasgos de carácter de la *personalidad alcohólica* y sí las características circulares o ciclotímicas del enfermo bipolar. Hemos descrito ampliamente las características de la personalidad alcohólica en el libro *Familias alcohólicas* de Editorial Grijalbo a partir de los trabajos de Jane Eisemberg y Tonatiuh Lammoglia. Esta confusión en el diagnóstico era y sigue siendo frecuente, lo cual, confieso, me ponía en un verdadero predicamento porque era innegable que estos pacientes tenían y tienen problemas al tener contacto con el alcohol, pero el sustratum biológico sobre el cual actúa esta sustancia era y es el de un cerebro afectado por el trastorno bipolar. Todavía son pocos los casos, tomando en cuenta la morbilidad, en los que hemos encontrado esta coincidencia y no sé aún cómo denominar esta polipatología y me pregunto, a estos años de distancia, cuántos bipolares "subdiagnosticados" se han visto en la necesidad del uso de sustancias sedantes y adictivas para "aliviar" su malestar y agregar a su trastorno original, bioquímico y determinado genéticamente una adicción a sustancias.

Pero ésa es mi preocupación existencial y profesional. Lo más grave, eso sí, y que debería ocupar a todos el día de hoy es el sobredimensionamiento del diagnóstico de la enfermedad bipolar al cual nos enfrentamos todos los días. Hoy, por ejemplo y coincidencia, recibí como casi todos los días en el programa de radio, varias preguntas relacionadas con la conducta de individuos que han sido diagnosticados, o calificados por sus familiares, como bipolares. En la mayoría de los casos es obvio que lo que describen son simples cambios del estado de ánimo y la conducta en sujetos *sin* trastorno bipolar. Probablemente en un caso de cada veinte o treinta de los que se mencionan sí se trata del trastorno, pero en el resto desde luego que no. La ética médica nos obliga a descartar o confirmar este diagnóstico.

Por otra parte, tenemos el dilema de individuos que nos llaman a los que no debe sugerirse o recomendarse acudir a una consulta médica psiquiátrica y gastar un dinero, que las más de las veces no les sobra, para recibir la información de que su familiar o él mismo *no padece* lo que cree que tiene. Por cierto, en este mismo caso nos encontramos ante el exceso de diagnósticos de TDAH (trastorno de déficit de atención con hiperactividad) donde se presenta el mismo fenómeno entre el público, pero, sobre todo, en padres de familia que ante cualquier conducta inusual de sus pequeños creen que seguramente padecen el trastorno por déficit de atención.

Como respuesta ante este cuestionamiento, por principio y por ética, así como la responsabilidad del comunicador frente al público y la necesidad de una comprensión rápida y sencilla del trastorno bipolar, decidimos publicar, a través de este esfuerzo editorial de Random House Mondadori, esta compilación de la información médica más reciente con la ayuda y el trabajo acucioso de Concha Latapí, que ha comprendido perfectamente que el objetivo primordial de este libro es el de precisar lo precisable y señalar todo aquello que es y sabemos sobre el trastorno bipolar, así como todo lo que hoy sabemos que *no es* este trastorno.

Coincidiendo en el tiempo con la última conversación que tuve con Concha, previa a la edición de este libro, tuve la oportunidad casi por casualidad de leer un breve artículo publicado en una de las revistas más leídas en el mundo occidental (y lo digo sin menoscabo de la calidad de la publicación a pesar del acceso que tengo a la literatura estrictamente médica), que me impresionó por ser el relato acerca de la problemática psiquiátrica de un niño al que ayer todavía se le hubiese hecho el diagnóstico de daño cerebral, de conducta perturbadora y casi seguramente de los inicios de un trastorno antisocial en su incipiente personalidad. El artículo se llama "¿Qué le pasa a mi hijo?", lo firma Irene S. Levin y lo publicó el *Reader's Digest* en febrero de 2008.

Resumiendo, nos dice cómo el día de hoy Michael Bonis ha sido diagnosticado y tratado por un trastorno bipolar. Ayer, hace unas cuantas semanas o unos meses, muchísimos médicos especialistas, comenta el artículo, hubiéramos equivocado el diagnóstico. Por esto, me permito aquí resumir parte del reportaje y del caso:

> Desde pequeño, Michael mostró un comportamiento diferente al de sus hermanas. A pesar de ser muy inteligente, hacía muchos berrinches y dormía poco. Desde los tres años parecía incontrolable, cuidarlo era agotador. No permitía que su madre se alejara, ella tenía que estar a su lado y hacía unos berrinches tremendos cuando lo dejaba en la escuela. Ya en segundo grado, su padre tuvo que acudir a media mañana para evitar que Michael lastimara a alguien. Sus padres se preguntaban si no lo estaban educando correctamente.

El niño se volvió cada vez más irritable y podía salirse de sus casillas por cualquier motivo. Los estallidos eran frecuentes y arrojaba cosas, hasta las sillas. Dejó de ir a la escuela y a fiestas. A los siete años, por primera vez trató de hacerse daño. Se golpeó la cabeza contra la pared y metió una navaja en su boca.

Sus padres acudieron a un psiquiatra infantil que le diagnosticó un ataque de pánico y le recetó un tranquilizante y un antipsicótico. A los dos días lo ingresaron en un hospital psiquiátrico, donde añadieron a sus fármacos un antidepresivo y le diagnosticaron trastorno de pánico y *trastorno de ansiedad generalizada y ansiedad por separación.*

Cursó el tercer y cuarto grados con mucha dificultad debido a múltiples ausencias. Jugaba béisbol y basquetbol esto era su salvavidas. Sin embargo, sus ataques de ira se hicieron más intensos. Se quedó sin amigos y en su casa golpeaba todo, hasta a sus padres. Empezó a tener actitudes peligrosas, como intentar saltar del auto en movimiento. Sus padres sentían que se estaban volviendo locos. Fue hasta ese momento que el psiquiatra consideró que Michael *presentaba los síntomas de un trastorno bipolar juvenil* y le prescribió un *estabilizador de ánimo*.

El diagnóstico fue una revelación y un alivio. La madre de Michael buscó información de inmediato en internet y en libros, especialmente en uno llamado "*The Bipolar Child: The Definitive and Reassuring Guide to Childhood's Must Misunderstood Disorder*". (El niño bipolar: guía completa sobre el trastorno infantil menos comprendido) escrito por los doctores Dimitri Papolos y Janice Papolos. Por fin las piezas caían en su lugar y supo también que nadie tenía la culpa.

La madre de Michael lo llevó con el doctor Papolos. En la consulta, el niño *reveló que además oía voces* que le decían que hiciera daño a su madre y *había tenido alucinaciones* de monstruos y delirios. El médico sugirió un examen con *un neuropsicólogo, quien confirmó el diagnóstico de trastorno bipolar*.

Hoy en día Michael está con tratamiento de fármacos vigilados por su médico. Las alucinaciones han desaparecido, sus crisis, que antes eran muy frecuentes, se han espaciado notablemente y duerme como un niño normal.

Esta historia confirma lo que hemos dicho en páginas anteriores: todos necesitamos saber con precisión qué signos y qué síntomas presenta un paciente, un ser humano que nace con una predisposición genética al trastorno afectivo bipolar que repercute sobre su conducta, su vida familiar, escolar o laboral y que no escogió tener y, por supuesto, tampoco sus padres. Éstas son algunas de las razones de esta publicación. Y aunque el desorden surge típicamente en la adolescencia tardía o la madurez temprana, en algunos casos empieza en la infancia. Los episodios de depresión y manía pueden presentarse durante todo el curso de la vida, provocando alteraciones en el trabajo, la escuela, la familia y la vida social. Otro de los problemas que se pueden encontrar para el tratamiento de este trastorno es el retraso para llegar al diagnóstico correcto. Según una encuesta realizada por los miembros de la Depressive and Maniac-Depressive Association de los Estados Unidos, el diagnóstico es común y el lapso para llegar a una certeza diagnóstica es de diez años (como se señala en el artículo *Actualidades en trastorno bipolar* de Thomson PLM, 2006). Por tal motivo, es de vital importancia que la sociedad conozca los signos y síntomas del trastorno bipolar, que aprenda a identificarlos adecuadamente (cuándo sí es y cuándo no) y que busque atención profesional capacitada que ayude a definir si se trata de un trastorno maníaco-depresivo para administrar el tratamiento adecuado que ayude a mejorar la calidad de vida del paciente y de su familia.

Hoy en niños, jóvenes y adultos de todas las edades, el trastorno bipolar puede ser identificado, diagnosticado o excluido de la impresión diagnóstica con los conocimientos más recientes de las variedades clínicas del desorden (tipo I o tipo II, por ejemplo), precisándose el criterio diagnóstico con exactitud y resultando casi imposible la confusión del clínico o el especialista, facultando además la intervención temprana de las medidas terapéuticas y espaciando el tiempo de los episodios críticos.

Hoy no debe de haber dudas, interpretaciones equivocadas, confusión, omisión o errores. Usted desde su casa puede —y ése es el motivo de esta compilación— reconocer fácilmente qué es la enfermedad bipolar y hacer efectivo el conocimiento y certera la orientación que proporcione a un enfermo, a la familia y al terapeuta. Ésta fue nuestra motivación.

1

El trastorno afectivo bipolar

Nunca somos tan felices ni tan infelices como pensamos.

F. de la Rochefoucauld

Antecedentes

El ánimo y el desánimo se han dado en la humanidad desde tiempos inmemorables. La palabra *ánimo* viene de *animus*–alma. Se consideraba que es el alma lo que da vida; por lo tanto, es aquello que anima al ser humano.

Todos sabemos cómo los factores externos afectan nuestro humor. Un nuevo amor, una buena noticia o simplemente gozar de buena salud pueden ser suficientes para que uno esté motivado y se sienta contento con la vida. Por otro lado, la pérdida de un ser querido, la soledad, los problemas económicos o hasta el síndrome premenstrual en la mujer deprimen el estado de ánimo.

La química cerebral siempre juega un papel muy importante en estos estados variables. Cada evento que percibimos desencadena un sinfín de reacciones químicas que afectan el organismo entero, haciendo que éste se sienta desde exaltado y eufórico hasta deprimido y agotado. Estos estados de ánimo que tienen una causa definida son naturales y suelen ser pasajeros. Lo que no es natural es perder la energía sin una causa que lo justifique y entrar en el hoyo negro de la Depresión permaneciendo ahí. Tampoco lo es sentirse eufórico, con exceso de energía y sin necesidad de dormir sin motivo alguno.

El término *melancolía* se utilizó durante mucho tiempo para describir estados de profunda tristeza y falta de ánimo, lo que hoy llamamos *Depresión*. La palabra se deriva del griego *melas*, que significa negro, y *chole*, que significa *mal genio*. Sus orígenes se encuentran en las teorías de los cambios de humor de Hipócrates. Por otro lado, la palabra *manía* se refería al crecimiento de la *bilis amarilla*. El médico romano Caelius Aurelianus describe la palabra griega *ania* como aquello que produce una gran angustia mental y *manos* como algo relajado o suelto.

En el siglo II a.C., Soranus de Ephedrus (98-177 a.C.) describió a la manía y a la melancolía como distintas enfermedades con etiologías separadas; sin embargo, reconocía que otros consideraban a la melancolía una forma de la enfermedad llamada *Manía*.

Las primeras descripciones que relacionan la manía y la melancolía se atribuyen a Aretaeus de Cappadocia, médico y filosofo alejandrino (30-150 a.C.). Aretaeus es reconocido como el autor de antiguos textos en los que se da un concepto unificado de la enfermedad maníaco-depresiva, viendo a la melancolía y la manía como si tuvieran un origen común en la bilis negra.

Fue hasta el año 1854 cuando Jean-Pierre Falret describe la enfermedad como un trastorno circular en el que se suceden episodios de Manía y periodos de excitación como dos trastornos que se alternan. En el mismo año, Jules Gabriel Baillarger publica sus observaciones del mismo fenómeno, pero dándole interpretaciones diferentes y describiendo el trastorno como una sola enfermedad.

Fue el psiquiatra alemán Emil Kraepelin quien en 1921 identificó el trastorno bipolar como una enfermedad mental y le adjudicó el término *enfermedad maníaco-depresiva*. Kraepelin diseñó una clasificación de las enfermedades mentales separando la psicosis maníaco-depresiva de las psicosis deteriorantes o demencia precoz. Dentro de las psicosis maníaco-depresivas señaló el carácter episódico con recuperación intermedia, así como la historia familiar del trastorno.

El doctor John Cade, después de la Segunda Guerra Mundial, descubrió que el carbonato de litio podía ser usado como un tratamiento eficiente para las personas que padecen la enfermedad.

El desequilibrio bioquímico

El trastorno bipolar es un proceso considerado una anormalidad bioquímica determinada genéticamente. Los secretos químicos de esta enfermedad se encuentran ocultos en una región primitiva del cerebro denominada sistema límbico, que controla emociones tales como el temor, la ira y el hambre. Los mensajes eléctricos viajan a través de los miles de millones de células nerviosas del cerebro, pero para ir de una neurona a la siguiente, a través de la sinapsis o conexión, los impulsos eléctricos deben traducirse en reacciones químicas. Los mensajes pasan a través de las brechas entre neuronas mediante veinte compuestos químicos llamados neurotransmisores, tres de los cuales parecen estar implicados en el estado de ánimo: la norepinefrina, la dopamina y la serotonina.

La comunicación entre las neuronas se realiza a través de una neurona eferente (transmisora) y una neurona aferente (receptora) del neurotransmisor. En el caso de la Depresión existe un bloqueo en las neuronas receptoras causado por las endomorfinas que inhiben la serotonina. Tampoco se capta la noradrenalina que se produce en nuestras glándulas suprarrenales y que nos permite estar en alerta o en estado hiperalerta y tener respuestas a los estados de alarma.

Si se reduce la cantidad de serotonina liberada en la neurona aferente, será muy probable que pueda disminuir el dolor. Los antidepresivos funcionan impidiendo a las neuronas reabsorber los neurotransmisores una vez que son liberados.

Hace unas décadas se descubrió que ciertos neurotransmisores se relacionaban con los cambios de humor en los pacientes maníaco-depresivos. Se encontraron deficiencias de tales compuestos durante los periodos de Depresión y sobreabundancia durante la Manía.

El trastorno bipolar es considerado un reto diagnóstico aun para los médicos psiquiatras más experimentados. Por desgracia, no existe ninguna prueba de laboratorio que brinde resultados específicos para su diagnóstico. Sólo uno con mucha experiencia puede, ante los síntomas y la historia del paciente, llegar a la conclusión de que el cuadro corresponde al trastorno bipolar. Éste suele tardar en ser diagnosticado y pueden pasar años antes de llegar a saber que alguien lo padece. Con frecuencia se considera que se trata de una Depresión y no se determina la condición bipolar hasta que se produce un claro episodio de Manía.

Los antecedentes familiares son muy importantes para el diagnóstico; por lo tanto, es imprescindible proporcionar toda la información necesaria al psiquiatra. Se ha demostrado que el factor hereditario es mucho más fuerte de lo que se pensaba. No es el resultado de ningún mal hábito ni de una mala educación. Nadie tiene la culpa. El enfermo bipolar no elige serlo, la enfermedad lo elige a él. Se trata de un trastorno depresivo de larga evolución en el que episodios depresivos intensos se alternan con otros episodios caracterizados por un estado de ánimo elevado (euforia excesiva), expansivo (hiperactividad anómala) o irritable. La predisposición genética puede saltarse generaciones y tomar diferentes formas en distintos individuos. Algunos estudios estiman que cuando uno de los padres tiene la enfermedad bipolar, el riesgo para cada niño es de 15 a 30; cuando ambos padres tienen la enfermedad bipolar, el riesgo aumenta de 50 a 75. El riesgo en hermanos y gemelos es de 15 a 25 y el riesgo en gemelos idénticos es aproximadamente de 70. Los árboles genealógicos de muchos niños que desarrollan tempranamente el trastorno bipolar incluyen individuos que sufrieron trastornos del humor (a menudo sin diagnosticar) y/o abuso de sustancias.

El trastorno bipolar está clasificado en el *Manual de diagnóstico* DSM IV entre los llamados trastornos afectivos de la personalidad. El término *afectivo* se refiere a las enfermedades de los afectos, nombre genérico que se da a los trastornos depresivos en general y al trastorno bipolar. Los rasgos de personalidad son pautas duraderas en la forma de percibir, pensar y relacionarse con el ambiente y con uno mismo, y se hacen patentes en una amplia gama de contextos personales y sociales. Sólo en el caso de que los rasgos de personalidad sean inflexibles y desadaptativos, causen una incapacitación funcional significativa o una perturbación subjetiva, estaremos hablando de trastornos de la personalidad. El trastorno de la personalidad consiste en un uso exagerado de conductas, que pueden ser funcionales o disfuncionales. Con el fin de obtener una ganancia secundaria, la mayoría de quienes padecen algún trastorno de la personalidad responsabiliza a todos y a todo de sus problemas.

En términos culturales o sociales, y sobre todo de unos años a la fecha, tener el trastorno bipolar parece ser más aceptable; al menos ya no le dicen a quien lo padece que es histérico o neurótico. Sin embargo, el término parece estar de moda y a cualquiera que se salga de sus casillas se le etiqueta como enfermo bipolar. Algunos justifican sus cambios de estado de ánimo asegurando que son bipolares. A mucha gente la palabra le parece muy interesante y hasta existe una banda musical llamada "Bipolar". Sin embargo, se trata de una enfermedad seria que nadie elige. Quien la padece sufre profundamente, como sufren también aquellos que lo rodean.

Sintomatología

En el trastorno bipolar se alternan tres tipos de situaciones: episodios maniacos, episodios de normalidad y episodios depresivos. Todos tenemos cambios de humor, días buenos y días malos. Nuestro estado de ánimo puede variar según las circunstancias o, a veces, sin ningún motivo aparente. Eso no significa que uno sea un enfermo bipolar. Quienes padecen este trastorno presentan uno o más episodios maníacos acompañados normalmente de uno o más episodios depresivos mayores. Se llama bipolar precisamente por la alternancia del estado de ánimo entre dos polos opuestos, que son la Manía y la Depresión. No se trata de episodios tristes y episodios de alegría o energía. Se trata de eventos incontrolables en donde el episodio depresivo presenta todos los síntomas de una Depresión mayor y, en el maniaco, el individuo parece tener una energía exagerada que lo lleva a una gran actividad muchas veces peligrosa.

El maníaco-depresivo puede pasar días y hasta semanas sin levantarse, estando aterrado por nada en particular; posteriormente pasa por etapas de un gran dinamismo, mucha energía y hasta euforia. Es probable que culpe de su estado a las circunstancias externas. Lo importante es saber que los cambios en el ánimo y la energía no son cosas que él pueda controlar.

Episodio depresivo

> El más terrible de todos los sentimientos es el sentimiento de tener la esperanza muerta.
>
> FEDERICO GARCÍA LORCA

Cuando un individuo con trastorno bipolar entra en una fase depresiva presenta todos los síntomas de un episodio depresivo mayor. Esto es aún más desconcertante para los demás que no se explican cómo una persona que puede ser tan alegre y llena de energía pierde de pronto todo interés por la vida.

Una persona verdaderamente deprimida difícilmente puede funcionar, porque no sólo no es capaz de disfrutar las cosas, sino que ni siquiera tiene interés en buscar el placer. Se encuentra peor que simplemente infeliz, no hay modo de levantarle el ánimo y vive con una sensación desagradable que no desaparece.

Las víctimas comúnmente experimentan estos episodios como una soledad aterradora, una sensación de estar extrañamente afuera de sí mismos, como espectadores fantasmas de su propia vida y pierden por completo la alegría de vivir. Se vuelven incapaces de sentir ningún calor humano.

El sujeto puede estar deprimido aunque todo esté bien y parezca normal su situación en la vida. Ello no elimina totalmente la posibilidad de un factor precipitante como puede ser una mala noticia, pero siempre la Depresión es mucho mayor que el infortunio ocurrido; además, aunque mejoren las cosas, para él persiste el trastorno. Es común que los demás se cansen de intentar animarlo y terminen alejándose.

Normalmente, lo primero que el depresivo percibe es precisamente el sentimiento de tristeza. Todo se ve mal y nada parece que valga la pena. A esta sensación sigue una de desesperanza. No parece haber ninguna posibilidad de que las cosas mejoren. Existe un sentimiento de derrota antes de llevar a cabo el más mínimo intento por hacer algo. Al principio, esta desesperanza viene y va, pero acaba haciéndose constante.

El enfermo puede describir su estado de ánimo como deprimido, triste, desesperanzado, desanimado, vacío o "como un pozo". Es probable que una persona deprimida no quiera decir que se siente triste; sin embargo, esto puede ser notorio en la expresión del rostro o puede mostrar una alta irritabilidad respondiendo con arranques de ira o frustración a cosas sin importancia. En los niños y adolescentes, el estado de ánimo puede ser irritable en lugar de triste.

Desde el inicio del episodio, hay una disminución de los apetitos: comida, sexo y contacto social, la víctima empieza a perder el interés por la vida misma. Estos apetitos van disminuyendo progresivamente. En el periodo crítico del episodio, el individuo ha perdido casi por completo el deseo de satisfacer cualquier tipo de apetito y hasta llega a sentir verdadera repugnancia ante la idea misma de éstos. El apetito disminuye considerablemente y el individuo tiene que esforzarse para comer. Cuando esta alteración es grave puede haber una pérdida significativa de peso.

Normalmente, el sistema biológico del cuerpo se levanta con el día, empieza a decaer con la oscuridad y duerme antes de volver a amanecer para volver a elevarse de nuevo. En los pacientes con Depresión el ciclo está cambiado. Comienza a moverse hacia el despertar cerca de las dos o tres de la mañana y se vuelve imposible volver a conciliar el sueño. Tendrá una sensación de torpeza y pesadez, y una sensación de angustia que puede adquirir la forma de presentimiento de algo terrible. La sensación puede variar desde la desazón leve hasta una sensación de amenaza profunda. Es frecuente que se quede tendido en la cama dando vueltas sin poder volver a dormir. También cambian las pautas del sueño, en ocasiones el individuo se queja de soñar o más bien no lo recuerda, o bien los sueños pueden hacerse muy vívidos.

Los sentimientos depresivos se agudizan a primera hora de la mañana y suelen ser más ligeros a media tarde. La Depresión provoca una somnolencia intensa hacia el final de la tarde y principios de la noche que es casi como un trance. Algunos enfermos se las arreglan para funcionar arrastrando esa gran pesadez con ellos mientras cumplen con sus obligaciones diarias. Para la mayoría es casi imposible levantarse siquiera de la cama. Todo se vuelve más lento: el lenguaje, el pensamiento y los movimientos corporales. El volumen de la voz baja y se reduce el contenido del lenguaje. En algunos casos se presenta el silencio total.

La víctima puede advertir un aumento de la fatiga que no suele transformarse en un problema grave hasta más o menos el punto medio del episodio, cuando el individuo se hace más torpe y ya no tiene energía más que para realizar las tareas más elementales. Es habitual la falta de energía y el cansancio sin hacer ejercicio físico. El menor trabajo parece requerir un gran esfuerzo y se reduce la eficacia con que la víctima realiza las tareas. Le puede parecer agotador vestirse por la mañana y probablemente le tome el doble de tiempo. El cuidado personal suele descuidarse al grado de que el individuo puede dejar de bañarse y cambiarse de ropa en varios días o semanas.

La Depresión provoca sentimientos excesivos de inutilidad o culpa. Este sentimiento puede implicar evaluaciones negativas no realistas del propio valor o exagerados sentimientos de culpa por errores pasados. El enfermo suele malinterpretar los acontecimientos cotidianos triviales tomándolos como prueba de sus defectos personales y suele tener un exagerado sentimiento de responsabilidad por las adversidades.

El sentimiento de inutilidad o de culpa puede tener proporciones delirantes. Se concentra en aquellos sucesos en que monótonamente se exalta el dolor. El individuo se encuentra atormentado, lleno de reproches y culpa. La voluntad se encuentra enclavada en ideas delirantes pobres persistentemente, dando vueltas una y otra vez sobre ellas. El sujeto puede hasta sentirse culpable personalmente de cosas como el hambre en el mundo. Se reprocha a sí mismo el estar enfermo y el no haber logrado cumplir con sus responsabilidades, pero al mismo tiempo se siente inválido ante el mundo del presente.

El efecto más destructivo de la Depresión es la pérdida total del amor propio. El individuo deprimido muestra esta carencia de varios modos previsibles. Tiene la sensación de no agradar a nadie, de que sólo se le tolera, o puede creer que todos se ríen a sus espaldas. Está continuamente pendiente de sí mismo y de su propia imagen, lo cual es una fuente de profundo dolor. Es común escucharle decir frases como "no sirvo para nada" o "soy un desastre".

El sujeto puede presentar dificultad para pensar, concentrarse o tomar decisiones. Aparece una sensación de estar atiborrado mentalmente. Existe un estado de confusión continua en el que los pensamientos pasan de una cosa a otra rozando preocupaciones, problemas, tareas pendientes, errores pasados, etcétera. Puede dar la impresión de distraerse con facilidad o quejarse de falta de memoria. En los niños, la caída repentina de los resultados en sus calificaciones puede ser un reflejo de la falta de concentración. En personas de edad avanzada, la queja puede ser la falta de memoria.

El efecto de un episodio de Depresión es paralizador. Puede durar meses, desaparecer y regresar años después con un efecto devastador. Los episodios depresivos comúnmente son autolimitantes y, sin tratamiento, lo más seguro es que vuelvan a ocurrir. El grado de incapacidad asociado a un episodio depresivo mayor es variable. Si la incapacidad es grave, el sujeto puede perder su capacidad para relacionarse o trabajar. En casos extremos el enfermo puede ser incapaz de cuidar de sí mismo o de mantener una mínima higiene personal.

Hay tres aspectos que preceden casi siempre a un episodio de Depresión: un periodo de tensión prolongada, una sensación de estar abrumado por todas las presiones y cosas que hay que hacer (termina haciendo otra cosa que no era necesaria) y una sensación de impotencia, de que no se tiene control alguno sobre el destino.

Los pacientes con Depresión muchas veces no presentan síntomas directos sino una variedad de manifestaciones físicas vagas, como fatiga, dolores de cabeza, incapacidad para dormir, alteraciones gastrointestinales, pérdida de peso y dolor crónico. Ésta es la clase de síntomas que generalmente no ayudan mucho para el diagnóstico, pero pueden constituir una advertencia de que quizá existe Depresión. Cuando los sujetos relatan pérdida de interés por asuntos que suelen proporcionarles satisfacción, disminución del apetito sexual o incapacidad para concentrarse, desde luego ello constituye una evidencia mucho más directa de Depresión.

Para las personas cercanas es difícil entender cómo la víctima pueda hundirse en sí misma sin darse cuenta de que se han producido cambios drásticos en su personalidad, la verdad es que raras veces analizamos nuestras percepciones para descubrir porqué hemos percibido como lo hemos hecho. Pocas veces rastreamos los procesos mentales implícitos en una percepción, trátese de un complejo de inferioridad o de un simple miedo a las arañas. Es por esto que el episodio depresivo puede llegar a un estadio muy avanzado antes de que la víctima llegue a darse cuenta de que le pasa algo.

Para ser diagnosticado como alguien que sufre un episodio depresivo mayor, el paciente debe tener por lo menos cinco de los síntomas que vienen a continuación:

1. Sentimientos de tristeza y desesperanza. Estado de ánimo deprimido (irritabilidad en niños y adolescentes).

2. Pérdida de interés y placer en actividades que antes se disfrutaban, como el sexo.
3. Disturbios alimenticios, usualmente pérdida de apetito y peso.
4. Insomnio, despertar muy temprano y dificultad para levantarse.
5. Agitación o enlentecimiento psicomotor.
6. Fatiga, debilidad, baja energía.
7. Sentimientos excesivos de inutilidad o culpa.
8. Disminución en la habilidad para pensar o concentrarse.
9. Pensamientos recurrentes de suicidio y muerte.

Los síntomas orgánicos tienen una importancia de segundo orden, no son los que motivan la preocupación fundamental pero son prueba de una existencia aprisionada. No deben menospreciarse los efectos físicos de un episodio depresivo mayor que son notablemente similares en todos los casos como lo es la sensación de opresión en el pecho y dificultad para respirar, la sensación de tener un bulto en el estómago o de tener la cabeza rellena de algodón. Es común que la víctima se queje de dolor de cabeza y describa la sensación de llevar un casco que le aprieta demasiado.

Los síntomas más frecuentes incluyen llanto, irritabilidad, dolores de cabeza, ansiedad, destrucción de las relaciones, problemas de comunicación y problemas gastrointestinales.

Algunas víctimas pueden llorar muchas veces al día y el llanto puede ser provocado por la cosa más trivial. Se vuelven altamente susceptibles a los acontecimientos o pueden soltar el llanto sin causa alguna. En ocasiones ni siquiera tienen control consciente del llanto.

La irritabilidad es un síntoma de la Depresión que puede localizarse mucho antes de que la enfermedad inicie su progreso y puede tomarse en cuenta como un temprano indicio de peligro. Se trata de un humor irritable recurrente. El depresivo no se da cuenta de lo irritable que se ha vuelto, aunque sí puede percibir que se siente más tenso de lo normal antes de que la enfermedad se manifieste. La irritación puede ser absolutamente desproporcionada a su supuesta causa al grado de que la persona llega a asustar a quienes han de soportar su irritación. Pueden darse episodios de voces y gritos súbitos porque le interrumpen cuando está leyendo. Un padre puede empezar a golpear a un niño sólo porque cruza por la habitación. La irritación suele ser irracional, pero no hay manera de conseguir que el depresivo lo comprenda. Esto se debe a que la Depresión contiene en sí misma una gran cantidad de rabia y cólera. Esta rabia suele dirigirse, en general, contra el enfermo mismo, pero cuando se exterioriza suele hacerlo como irritación contra otros.

Muchos individuos padecen, en forma cotidiana, dolores de cabeza que no responden a los analgésicos. Estos dolores son conocidos como cefalea *tensional.* No parecen tener ningún fundamento orgánico y suelen estar presentes durante 80% del tiempo de vigilia. Los pacientes pueden recorrer todo tipo de consultorios sometiéndose a diferentes estudios, todos éstos con resultados normales. Un dolor somático al que no se ha conseguido encontrar ningún fundamento orgánico puede ser el síntoma sustitutivo de una Depresión subyacente. Es muy importante dejar claro que estas cefaleas se deben a un desequilibrio bioquímico y son el síntoma físico más frecuente de la Depresión. Se puede presumir la existencia de un componente depresivo en las personas que sufren cefalea después de que se levantan, más que en los que son despertados por dicha cefalea o cuando ésta aparece poco después de que se despiertan. La aparición de la cefalea tensional se relaciona con las situaciones de estrés o de Depresión. En los estados depresivos pueden estar presentes otros síntomas como el dolor lumbar.

Es importante diferenciar entre una *migraña* y una cefalea tensional. La migraña típica está precedida por un aura visual bien definida y la mayoría de los pacientes puede predecir cuándo van a tener un ataque. La migraña va acompañada por síntomas como náusea, vómito, fotofobia, escalofríos y diaforesis. El dolor es de tipo pulsátil y en muchos casos continuo. Su localización es general, pero no necesariamente unilateral; de tiempo en tiempo cambian las características de la migraña. La migraña también puede ser provocada por la tiramina, el ayuno, la tensión y otras formas de estrés. Muchos pacientes con migraña también sufren cefalea tensional ya que ambas llegan a desencadenarse mutuamente. Las migrañas ocurren frecuentemente después de situaciones de estrés, más que antes o durante éstas.

La cefalea tensional no presenta los síntomas que acompañan a la migraña como son la fotofobia y las náuseas. El paciente deprimido que se presenta con cefalea refiere que "tiene un problema emocional", pero no admite directamente que su dolor de cabeza sea la expresión de este problema. El tratamiento con antidepresivos alivia la cefalea.

El diagnosticar ansiedad a un enfermo deprimido puede conducir a un tratamiento inadecuado con sedantes o tranquilizantes que, por lo general, exacerban la afección y posiblemente hasta termine en un intento de suicidio. Se debe estar muy alerta a la existencia de una Depresión oculta, sobre todo en mujeres mayores, en quienes los síntomas clásicos pueden ser incompletos o distorsionados y el diagnóstico, por consiguiente, más difícil. La ansiedad puede ser un síntoma de la Depresión especialmente cuando se presenta sin motivo aparente o es permanente.

Desgraciadamente la mayoría de los médicos generales no están entrenados para identificar una Depresión y diagnostican ansiedad, para lo cual administran depresores, que es lo peor que se le puede recetar a un deprimido. El peor error que puede cometer un médico poco entrenado o ignorante de lo que es la Depresión es recetar ansiolíticos, porque esto agrava el cuadro depresivo. Es importante preguntar al propio médico si existe la posibilidad de que uno tenga una Depresión clínica y averiguar si éste está entrenado con los conocimientos suficientes para tratarla. De otra manera se complicaría más el cuadro depresivo. Otra cosa más grave que se puede encontrar es un idiota más profundo que le diga que no tiene nada y entonces empezar a sentirse, además de deprimido, con un sentimiento de autorreproche exagerado, de culpa, sentir que se es "hipocondríaco" y que está intentando un síndrome imaginario.

La persona con Depresión suele ser solitaria. Puede mantener relaciones siempre y cuando se den a un nivel superficial y no profundice lo suficiente como para desenmascarar su estado depresivo. Su conducta suele ajustarse a las normas actuando con una pose estudiada para obtener la aceptación social. Es especialmente sensible al rechazo y a la crítica.

El depresivo tiene una capacidad extraña para influir en el estado de ánimo de los demás. Cuando uno pasa determinado tiempo con una persona deprimida se empieza a sentir también triste. Curiosamente el depresivo tiene más capacidad para influir sobre otro que el individuo que está satisfecho y contento. Una persona deprimida puede influir mucho más en un grupo que está alegre de lo que una persona alegre puede influir en un grupo que está triste. De alguna manera, cedemos mayor poder a los factores negativos que a los positivos. A un nivel profundo, creemos que las cosas malas tienen más capacidad para afectarnos que las agradables. Cuando se considera el síntoma de la irritabilidad, es claro que cualquiera puede agotarse si tiene que soportar continuamente la irritabilidad de una persona, además del derroche de energía que puede uno tener interrogándose y preocupándose.

La Depresión divide mucho a la gente y termina con matrimonios, amistades y relaciones familiares. Las relaciones individuales pocas veces resisten las tensiones de la Depresión. La víctima está tan decaída que a los demás les resulta prácticamente imposible comprenderla, a menos que también hayan pasado por lo mismo. El enfermo queda encerrado en sus propios problemas y corta la comunicación, que es la base de toda relación, y empiezan a debilitarse los lazos a consecuencia del desconcierto y los malos entendidos.

Es muy difícil vivir con una persona que se convierte en un bulto y no reacciona a las tentativas de ayuda o de cambiar la situación; uno acaba tomándolo de modo personal, no importa qué tanto quiera a la otra persona. El aspecto más aterrador quizá sea el de ver cambiar de un modo tan radical a alguien tan próximo. Si se ignora lo que es la Depresión cuesta mucho trabajo creer que la otra persona no tenga control sobre lo que pasa. A medida que transcurre el tiempo, inevitablemente uno empieza a desesperarse por la situación. La irritación, el miedo, la falta de comunicación, la ausencia de alegría, todo se combina para matar finalmente el amor.

> Hacíamos todo por agradar a mi mamá. Le cocinábamos su comida favorita, la acompañábamos, le ofrecíamos llevarla al jardín, ver una película de Pedro Infante (que le fascinaba), lo que quisiera, pero su respuesta siempre era negativa, todo le parecía mal y ni las gracias nos daba. Su mal humor se empezó a contagiar a toda la familia. Con el pasar de los días nos fuimos cansando, ya nadie quería ir a su cuarto a recibir una más de esas respuestas. Llegó un momento en que nos peleábamos por ver a quién le tocaba ir a darle su medicina.

La mayoría de las personas que experimentan el principio de la Depresión en alguien con quien viven advierten que algo va mal e intentan resolver el problema hablando. Cuando se dan cuenta de que hace falta ayuda profesional, el estado del depresivo es ya grave. En la mayoría de estos casos el afectado sólo irá al médico como último recurso. Incluso entonces, lo hará porque ve en peligro su trabajo o su matrimonio, o porque ya no puede ignorar las quejas de los demás.

Es frecuente que un depresivo no quiera hablar de sus estados de ánimo; la mayoría de las víctimas hacen todo por negar que les pasa algo, asustados de lo que les está pasando y temerosos de que otros vean esa cosa horrible que les sucede. Una clave importante es una tristeza visible que se prolonga y las tentativas de disfrutar y participar en actividades favoritas parecen forzadas.

Un depresivo puede ser incapaz de seguir el hilo de una conversación y es probable que conteste con tonos largos, muestre poca emoción y parezca no responder al tono de la plática. Puede interrumpir constantemente la conversación con comentarios autoacusadores que muestran su desprecio por sí mismo. También es probable que cuando haga comentarios éstos sean siempre negativos.

En la Depresión todos los sistemas cambian el ritmo, incluido el digestivo. Los alimentos pueden mantenerse tanto tiempo en el estómago que empiecen a generar gases e inflamación. El estómago no produce ácidos suficientes, con lo cual se tarda mucho más en digerir la comida. La digestión de los alimentos absorbe mucha energía y el deprimido tiene un suministro limitado de energía. El organismo trabaja con menos eficiencia; por eso una de las quejas físicas más comunes en la Depresión son las alteraciones gástricas.

Conforme la Depresión se agrava, el estado de ánimo se agrava y se presenta lo que llaman los muchachos las *vibras*. Dicen: "Este fulano tiene mala vibra", en vez de decir: "Tiene una Depresión". Cuando llegan ya al grado psicótico están totalmente fuera de la realidad. El enfermo siente que está perjudicando a la gente en el trabajo, en la escuela y en la familia, y es entonces cuando hay más peligro de suicidio.

Suicidio, desenlace fatal

El suicidio representa una amenaza muy real para un individuo con trastorno bipolar. Sólo en los Estados Unidos de Norteamérica se estima que un 15% de quienes sufren de Depresión se quitan la vida, y la primera causa de suicidio en ese país es una Depresión no atendida. Aunque no contemos con estadísticas precisas, suponemos que el porcentaje de riesgo es el mismo en el resto del mundo. Algunos han implementado programas para la prevención del suicidio y cuentan con una línea telefónica de emergencia. En Inglaterra se pueden ver avisos en el transporte público invitando a comunicarse si usted tiene pensamientos suicidas. Se ha visto que la soledad es el otro ingrediente necesario para que un deprimido se suicide.

El riesgo de suicidio por Depresión no discrimina. Amenaza por igual sin importar la situación económica, la raza o el nivel intelectual de quien sufre este padecimiento. Un individuo puede tener todo en la vida para ser feliz y, aun así, la idea del suicidio puede apoderarse de su mente y dominarlo.

La Depresión distorsiona el pensamiento, lo cual significa que el enfermo no está pensando en forma racional. La enfermedad le provoca pensamientos de desesperanza tan devastadores que le hacen desear la muerte. No importa qué tan bien pueda estar todo en su entorno, simplemente no puede verlo de otra manera y le vienen pensamientos recurrentes de suicidio y muerte. Los motivos que ve para quitarse la vida pueden incluir el deseo de rendirse ante lo que percibe como obstáculos insalvables o un intenso deseo de acabar con un estado emocional terriblemente doloroso que considera interminable.

Testimonio de una mujer de 41 años

Sobreviví de milagro a un intento de suicidio. Creo que jamás lograré olvidar la experiencia. Es horrible pensar que una parte de mí quiere morir, que mi propia mente es capaz de torturarme con las ideas más negras que puede haber por ninguna razón. Ahora que estoy bien, he aprendido sobre mi enfermedad y tomé la decisión de hacer todo para prevenir que pueda ocurrir de nuevo, por mí y por mis hijos. He hablado con mi gente más cercana para que me ayude en caso de volver a tener un episodio depresivo. Es bueno saber que tienes a quién llamar aunque sean las tres de la mañana. Saber que no estoy sola significa mucho para mí. También me deshice de una pistola que perteneció a mi difunto marido, el arma que utilicé cuando intenté matarme. Por sugerencia de mi psiquiatra, entregué todas las medicinas que había en la casa, hasta las aspirinas, a mi vecina y amiga. Ella me suministra la dosis que debo tomar cada día. Los insecticidas y venenos también salieron. He aprendido a observar mi mente; apenas descubro que se entretiene con algún pensamiento perverso, llamo a mi médico.

A quienes padecen episodios depresivos, bipolares o no, les recomiendo que nunca pierdan tiempo pensando si deberían hacer esa llamada pidiendo ayuda o no. ¡Háganla!, llamen inmediatamente al doctor, a un amigo, a un pariente, a quien sea, porque esos minutos de indecisión los pueden llevar a la muerte. Si al primero que llaman no está disponible, llamen a otro y a otro, no se detengan. También les recomiendo algo que yo he hecho: escribir una nota para mí, para leerla en caso de Depresión mientras llega la ayuda. La nota dice que si tengo deseos de matarme, es porque estoy enferma, porque tengo una Depresión que hace que mi cerebro me esté jugando una mala pasada y que puedo salir de este horror con medicamentos. También escribí un recordatorio de que mi vida vale mucho la pena y puse una lista de todos mis motivos para continuar, lista que encabezan mis maravillosos hijos. En mi nota también hay frases como "Estas emociones negativas son un producto de la química cerebral y no tienen justificación. No les creas" o: "Si te quieres quitar la vida está bien, sólo espera 24 horas más".

Estas palabras de mi mente sana dirigidas a mi mente enferma no me sacan de la Depresión, pero tienen un eco y me detienen porque sé que, aunque mi mente en ese momento es incapaz de generar un solo pensamiento positivo, esas líneas también vienen de mí, de una parte mía que existe aunque parezca ausente. Me recuerdan que sí soy valiente, que soy capaz de reír y disfrutar la vida.

Episodio maníaco

El episodio maníaco consiste en un tiempo delimitado en el que hay un estado de ánimo inconfundible. En éste predominan tanto la euforia como la efusividad y la irritabilidad. Cada episodio puede durar por un periodo de varias semanas.

Es después de un episodio maníaco que los pacientes acuden o son llevados al médico. La experiencia, para quien la vive y para quienes conviven con él, puede ser aterradora. De pronto, ese ser querido se transforma en otra persona y actúa fuera de control. Algunos se quieren comer el mundo y se embarcan en actividades que ponen en riesgo su vida y la de los demás, otros pueden romper a gritos golpeando y destruyendo las cosas que se encuentran a su alrededor. Se muestran impacientes con los demás, se desesperan frente a ciertos quehaceres y cambian de una actividad a otra repentinamente sin terminar lo que están haciendo.

Esta alteración puede provocar un claro deterioro de las actividades laborales y sociales, o hasta puede requerir hospitalización para prevenir que la persona se haga daño a sí misma o a los demás. Al contrario de lo que ocurre en un episodio depresivo, aquí la persona presenta una autoestima exagerada o grandiosidad, lenguaje verborreico, fuga de ideas, se distrae fácilmente, trata de realizar varias actividades al mismo tiempo y muestra una agitación constante sin poder permanecer quieto.

> El episodio maníaco es como un huracán que resulta devastador para mí y también para mi familia. Ahí pierdo el control, me meto en un mundo en el que me creo todopoderoso, hablo a gran velocidad y brinco de un tema a otro sin descanso. Hago muchas cosas, nada me detiene. Me da por malgastar dinero, por eso ya no manejo tarjetas de crédito. De todos modos, me da por llamar a todos mis amigos que están en el extranjero y mis cuentas telefónicas se hacen enormes. El sueño se me descontrola y también las horas de comer. Dos veces tuvieron que internarme, las dos fui llevado por la fuerza, ahora lo agradezco. En una semana se controló la Manía y estuve bien, pero fue un gran desgaste para mi familia y para mí, además de mucho, mucho sufrimiento y un gran gasto económico.

El estado de ánimo es inconfundible y puede definirse como eufórico, insólitamente optimista, festivo o elevado, con una cualidad contagiosa que arrastra al observador y que es calificada como excesiva por los que lo conocen bien. Presenta un entusiasmo incesante y un contacto no selectivo con la gente. Hay un aumento de sociabilidad que lo induce a renovar viejas amistades o buscar a los amigos de manera insistente, haciendo llamadas telefónicas a horas imprudentes sin que se dé cuenta de lo fastidioso que está siendo. Puede adoptar los problemas ajenos y tratar de solucionarlos como si fueran propios o dar consejos no solicitados.

El pensamiento maníaco hace que el individuo se sienta como un héroe tras realizar cualquier actividad cotidiana. Generalmente, en la Manía, el enfermo es incapaz de controlar su vertiginoso ritmo de pensamientos. Se dice que no conoce límites y desorbita su propia capacidad. Cree que todo lo que hace y dice es perfecto. La alteración predominante puede ser la elevación del estado de ánimo o bien la irritabilidad, especialmente cuando se le contraría. En un instante puede cambiar de la alegría al enojo por el mismo motivo. El incremento de la autoestima puede ir desde una confianza exagerada en sí mismo con total falta de autocrítica, hasta una exagerada grandiosidad que puede ser delirante; el individuo puede creer que posee talentos y dones especiales. Es común ver delirios de grandeza que pueden incluir una relación especial con Dios o algún personaje conocido de la política o el espectáculo.

Casi invariablemente hay una disminución de la necesidad de dormir; el sujeto permanece despierto y lleno de energía durante más horas de lo habitual. En algunas ocasiones puede aguantar varios días sin dormir ni sentir cansancio. Una joven de 19 años salió de una fiesta a la una de la mañana y manejó desde la Ciudad de México hasta Monterrey asustando a toda su familia. La actividad psicomotora acelerada hace que tomen riesgos sin pensar.

El lenguaje maníaco es de tono alto, rápido y difícil de interrumpir. A menudo está lleno de chistes, juegos de palabras y sarcasmos. Puede llegar a ser teatral y dramático. Frecuentemente hay un flujo casi continuo de un lenguaje acelerado con cambios bruscos de un tema a otro. Cuando la fuga de ideas es grave el lenguaje puede estar desorganizado y ser completamente incoherente y algunos pueden rimar palabras en frases sin sentido. A quien lo escucha le puede parecer que el sujeto está bajo el efecto de una droga.

A menudo, el sujeto no reconoce que está enfermo y se resiste a cualquier intento de ser tratado porque, en su estado de euforia, cree que se encuentra *mejor que nunca*.

En un episodio maníaco, incluso en la fase de Depresión del trastorno bipolar, la Depresión puede llegar a ser psicótica y hasta tener alucinaciones, por ejemplo, auditivas en las que el individuo puede oír la voz de Dios que le encomienda una misión especial. También puede haber síntomas catatónicos, como estupor, mutismo, negativismo y anomalías de la postura.

Es típico que los episodios maníacos empiecen de forma súbita, con una rápida progresión de los síntomas en pocos días. Los episodios pueden durar desde unos días a meses, aunque suelen ser más breves y terminan más bruscamente que los episodios depresivos mayores. Definitivamente son más espectaculares.

En los episodios maníacos hay un deterioro considerable de la actividad social y laboral. Con frecuencia es necesario proteger al individuo de las consecuencias que pueden derivarse del empobrecimiento de su capacidad de juicio o de la hiperactividad, lo cual a menudo provoca la hospitalización involuntaria. Pueden llegar a tener conductas delirantes terribles donde el delirio puede ser: "Te voy a hacer daño", "Le voy a hacer daño a mi familia", "Será preferible que yo me muera porque, si no, voy a aniquilar a los demás con mis problemas".

Las complicaciones más comunes del episodio maníaco son el abuso de sustancias tóxicas y las consecuencias que se deriven del deterioro de la capacidad de juicio, como pueden ser pérdidas en los negocios y actividades ilegales. El sujeto puede perderlo todo en una tarde de apuestas. También se incrementa su apetito sexual, por lo que es posible que tenga relaciones sexuales con varias parejas sin tomar ninguna precaución. La promiscuidad sexual hace que el contagio de sida también sea un riesgo muy alto.

Cuando el sujeto está en la fase de Manía piensa exactamente al revés de como lo hace durante el episodio depresivo y se cree el más educado y el más inteligente, aunque se está contradiciendo constantemente. Su falta de juicio hace que olvide sus propias consideraciones éticas y se comporta en forma inapropiada en situaciones sociales. Puede manifestar hostilidad y hasta amenazar a otros.

Llamar la atención en público es frecuente en un episodio maníaco. Hay algunos maníacos simpatiquísimos dentro de su delirio. Esto se puede ver hasta en la manera de vestirse: se ponen un saco sobre otro o usan ropa de muchos colores. Uno puede ver en la calle a la típica señora maníaca que va algo desaliñada pero con la cara exageradamente pintada y la ropa muy llamativa. Además se les ve moviéndose constantemente, muy eufóricos e hiperactivos y les da por gastar muchísimo dinero. Una mujer o un hombre maníaco con una tarjeta de crédito en la bolsa gastará hasta agotar el límite.

Los síntomas característicos de un episodio maníaco son:

- Un periodo delimitado y persistente en el que hay un estado de ánimo anormalmente elevado, expansivo o irritable.
- Durante este periodo se presentan como mínimo tres de los siguientes síntomas:
  - autoestima excesiva o grandiosidad,
  - disminución de la necesidad de dormir,
  - la persona está más habladora de lo habitual o necesita hablar continuamente,
  - tiene fuga de ideas o la sensación de que los pensamientos se suceden a gran velocidad,
  - se encuentra distraído y su atención se dirige fácilmente hacia estímulos externos irrelevantes o poco importantes,
  - presenta un incremento de la actividad dirigida hacia un objetivo o agitación psicomotora, y
  - se implica excesivamente en actividades de alto riesgo.
- La alteración del estado de ánimo es lo suficientemente grave para provocar un notable deterioro en la vida laboral o en sus relaciones con los demás, o para requerir hospitalización en prevención de posibles perjuicios para sí mismo o para los demás.

Testimonio de una esposa

No me es fácil escribir mi historia, el tema resulta demasiado doloroso para mí. Sin embargo, me convencieron con el argumento de que mi experiencia podría ser útil a alguien más y acepté. Cuando terminé, me di cuenta que el ejercicio había resultado terapéutico. De alguna manera, el escribir esta etapa de mi historia me liberó de una gran carga, así que estoy muy agradecida por la oportunidad. Éste es mi testimonio, escrito con muchas lágrimas:

A los 36 años, a mi marido se le diagnosticó el trastorno bipolar cuando nunca había tenido síntomas de ningún trastorno psiquiátrico. Primero tuvo una Depresión y lo medicaron. Unos meses después dejó los medicamentos sin consultar al médico. Después le vino un cuadro de Manía. En sólo una semana se gastó nuestros ahorros, compró un auto de lujo y apostó lo demás. Él no reconocía que estaba mal, decía que se sentía como un joven de 18 años y se inscribió en un curso de paracaidismo. Con muchos trabajos y mucha insistencia, conseguí que fuéramos al psiquiatra. Mi esposo le dijo que la que estaba loca era yo, que por eso estábamos ahí. El doctor no se la tragó y le recetó medicamentos para la Manía, pero él lo amenazó. El médico le dijo que si no se tomaba los medicamentos lo tendría que internar. No se tomó los medicamentos y pasó de ser un hombre amable y educado a ser una persona agresiva y grosera, especialmente conmigo. Lo corrieron de su trabajo, así nos quedamos sólo con lo que yo ganaba. Se ponía furioso si no le daba el dinero. De pronto se calmó, pero le vino una Depresión con ansiedad; entonces empezó a sentirse muy culpable porque se acordaba de todo lo que había hecho y dicho. Se pasaba todo el día en la cama y decía que lo mejor para mí era que él se muriera. Habíamos brincado de un infierno a otro.

Salió de la Depresión con medicamentos y esta vez dijo que sí se los iba a tomar al pie de la letra. Me pidió que si tenía otro episodio maníaco lo internara a la fuerza. Le dije que hablara con su mamá, que no me había apoyado en la Manía, porque decía que ella lo veía muy bien, muy contento, y que si se volvía a sentir mal (deprimido) que ella lo cuidaría ya que yo no era capaz. Así que no contamos con el apoyo de su familia.

Nos hemos tenido que replantear la vida. Sabemos que no es algo que nada más pasó, sino que puede volver a ocurrir. Está enfermo y eso no lo podemos cambiar. Mi esposo ha firmado autorizaciones para que se le interne en caso necesario y se le retire todo el dinero. Hacemos todo para que se mantenga en un estado saludable. Esperamos y le pedimos a Dios que no se repita.

Episodio hipomaníaco

La hipomanía (literalmente, menos que Manía) es generalmente un episodio destructivo menor que la Manía. Quienes se encuentran en esta fase usualmente experimentan los síntomas de la Manía en menor grado o con menos síntomas. Durante la hipomanía nunca se presentan síntomas psicóticos. La duración suele ser también menor que la Manía. Es considerado como un periodo que se caracteriza por una gran cantidad de ideas, un pensamiento extremadamente ingenioso y un incremento en la energía. Es un episodio que no llega a provocar un deterioro laboral o social. Aparentemente el sujeto manifiesta nada más euforia. Por eso, una persona que se la pasa haciendo chistes de todo como un bufón aparenta ser un alegre payaso, pero esto no es más que la máscara que oculta el profundo dolor de la enfermedad.

Ha sido durante episodios hipomaníacos cuando muchos artistas han desplegado su creatividad con niveles de producción muy altos. Grandes obras de arte han sido realizadas en este estado.

Episodios mixtos

Estos episodios presentan síntomas maníacos y depresivos al mismo tiempo, o sea, que ocurren simultáneamente. Suelen ser los más volátiles dentro del trastorno bipolar, debido a que los síntomas pueden ser desencadenados de forma rápida y simple. Estos episodios resultan especialmente difíciles de diagnosticar y conllevan un gran sufrimiento para el paciente, así como para aquellos que le rodean.

Se pueden presentar episodios mixtos de forma aislada, pero lo más frecuente es que sean una continuación de una fase maníaca.

Los intentos suicidas, el abuso de sustancias psicotrópicas y hacerse daño a sí mismo suelen ocurrir en estos episodios ya que existe una mayor posibilidad de que el sujeto pase a la acción. Las características más comunes en los episodios mixtos son: alternancia rápida de distintos estados de ánimo (Depresión, euforia, irritabilidad), predominio de la disforia (mal genio), agitación, ansiedad, insomnio, alteración del apetito, ideas suicidas y síntomas psicóticos (delirios, alucinaciones).

Eutimia

Entre un episodio y otro, el individuo que padece del trastorno bipolar vive periodos en los que los síntomas de la enfermedad desaparecen conforme se va normalizando su estado de ánimo. Este periodo se denomina *eutimia,* que significa "estado de ánimo correcto". Aunque el individuo se sienta bien, es necesario mantener una observación constante para detectar la aparición de cualquier síntoma que anuncie una nueva crisis. Es importante saber que una fase de normalidad no significa estar curado, sino que la enfermedad no se está manifestando en ese periodo.

Cuando el médico mantiene al paciente con el medicamento adecuado, los episodios pueden no aparecer o se espacian mucho, pero tanto el médico, el paciente y la familia deben de estar alertas ante la presencia de un síntoma que anuncie un episodio más, aunque esté tomando el medicamento. En esta etapa es imprescindible seguir las recomendaciones del psiquiatra en cuanto a la medicación preventiva y estar muy conscientes de que la fase de remisión se está alargando gracias al medicamento.

Es también durante la fase de eutimia cuando el sujeto tiene la oportunidad de aprender todo lo necesario acerca de su enfermedad y tomar todas las medidas preventivas. No es un tiempo para olvidarse por completo del asunto. El aprendizaje y tomar las decisiones para la recuperación sólo pueden hacerse en estas etapas de normalidad ya que, durante un episodio depresivo o uno maníaco, esto es imposible.

TIPOS DE TRASTORNOS BIPOLARES

El DSM-IV divide los trastornos bipolares en bipolar I, bipolar II, ciclotimia y trastornos bipolares no especificados. Como categorías aparte están el trastorno del humor inducido por sustancias y el trastorno del humor debido a enfermedad médica.

Según los episodios maníacos o hipomaníacos tenemos:

Trastorno afectivo bipolar tipo I

Este trastorno se caracteriza por la presencia de episodios depresivos y uno o más episodios maníacos o mixtos. Con frecuencia, el paciente ha presentado uno o más episodios depresivos mayores. Se trata de la forma clínicamente más severa, con mayor importancia de síntomas psicóticos y de episodios mixtos, así como una peor respuesta profiláctica al litio y mayor riesgo de provocar trastornos afectivos en la familia.

Trastorno afectivo bipolar tipo II

Este trastorno se caracteriza por presentar uno o más episodios depresivos mayores acompañados de al menos un episodio hipomaníaco, pero nunca episodios maníacos.

Ciclotimia

Ésta presenta fluctuaciones, con periodos de síntomas hipomaníacos y periodos de síntomas depresivos. Ni unos ni otros tienen la gravedad ni la cantidad suficiente como para hablar de una fase hipomaníaca o de una fase depresiva. Los síntomas causan una debilitación significativa en el comportamiento social, ocupacional o el funcionamiento diario. Muchos autores la consideran una especie de predisposición para una Depresión o trastorno bipolar. La ciclotimia se define como una alteración del estado de ánimo crónica. Para su diagnóstico, los síntomas deben haberse presentado por un periodo de al menos dos años y en niños y adolescentes la duración debe ser por lo menos de un año.

El trastorno bipolar suele aparecer en la adolescencia o al principio de la edad adulta, aunque cada vez son más los casos de niños que lo padecen. El episodio inicial que provoca la hospitalización es normalmente maníaco. Tanto los episodios maníacos como los depresivos mayores son más frecuentes que los episodios depresivos mayores en la Depresión mayor recurrente. El paciente, a lo largo de su vida, va presentando episodios depresivos, alternando con los maníacos o hipomaníacos. De hecho, la existencia de uno solo de estos episodios hace que debamos hablar ya de trastorno bipolar. En este sentido cabe calificarlo siempre como potencialmente crónico, de por vida.

El episodio maníaco o depresivo mayor suele ir seguido de un breve episodio del otro tipo. En muchos casos serán dos o más ciclos completos en un año (un episodio maníaco y un depresivo mayor, que se suceden sin periodo de remisión). En algunos casos la frecuencia es mucho mayor. A estos pacientes se les denomina cicladores rápidos y su tratamiento requiere una constante supervisión del médico. El individuo puede presentar cambios rápidos de la ira a la Depresión. En ocasiones, los síntomas depresivos y maníacos se entremezclan, presentándose al mismo tiempo o alternando con rapidez en pocos días.

Cuando hay alucinaciones o ideas delirantes, su contenido es claramente consistente con el estado de ánimo predominante. Las ideas delirantes pueden organizarse sobre la creencia de que el sujeto es perseguido por razón de sus especiales relaciones o atributos.

A un paciente con trastorno bipolar o maníaco-depresivo, cuando está en la fase depresiva se le trata con antidepresivos. El médico tiene que ser muy cuidadoso, pues llega un momento en que el mismo antidepresivo puede disparar la fase de Manía, o bien el medicamento que se usa para el control de la Manía, si nos pasamos de dosis, hace que el paciente se deprima. Esta singularidad hace que el tratamiento sea mucho más complicado que en otros padecimientos. El médico no puede estar alerta de los signos que presenta un paciente al que no ve a diario, por lo cual debe contar con la ayuda de quienes conviven con él. Es difícil que un enfermo bipolar acuda al médico cuando se está iniciando un episodio maniaco, pues se está sintiendo "mejor que nunca". Por otro lado, cuando se inicia el episodio depresivo, éste suele ir acompañado de la negación, por lo que tampoco pedirá ayuda.

Testimonio de una mujer de 44 años

Desde los 17 años sufro de trastorno bipolar. Me diagnosticaron la enfermedad 6 años más tarde. Hasta los 19 años fui más o menos normal. Digo más o menos porque tenía una autoestima bastante baja. No tenía un novio, aunque soñaba con tener un romance. Esto me bajaba más la autoestima. Cada vez que iniciaba una relación, yo la echaba a perder acosando al galán. Ahora sé que soy una dependiente emocional. Empecé a experimentar depresiones, pero yo las adjudicaba a mis fracasos amorosos, todos salían huyendo de mí. Finalmente conocí a mi marido. Nos casamos muy pronto y nos fuimos a vivir a Monterrey. Tenía apenas unos meses de casada cuando me vino una Depresión espantosa. No podía trabajar, no podía concentrarme en nada y creía que me iba a volver loca. Mi esposo estaba muy preocupado y pidió su cambio al DF para que yo estuviera cerca de mis padres. Cuando ellos vieron el estado en el que me encontraba me llevaron corriendo al doctor de la familia, un médico general ya muy anciano. Me recetó un antidepresivo. Todavía me sentía bastante mal cuando conseguí un trabajo.

Al principio hacía un esfuerzo titánico para levantarme y llegar a la oficina pero al poco tiempo me sentí bien y luego muy bien y a los pocos días más que bien. Recuerdo que llegaba a trabajar antes que todos y me quedaba más tarde, también no paraba de hablar. Ahora sé que estaba teniendo un episodio maníaco. En ese entonces, yo sólo sabía que me sentía bien y dejé de tomar los antidepresivos. Dos meses después regresó la Depresión. No tenía ganas de ver a nadie, ni siquiera a mi esposo, que tenía que verme hecha una piltrafa y aguantarme. Volví a tomar los medicamentos y poco a poco fui mejorando. En cuanto me sentí bien dejé de tomar los medicamentos.

Al año y medio, como estaba sin medicar porque parecería que los síntomas habían remitido tuve a mi único hijo y, a la semana, tuve que acudir con una psiquiatra, quien volvió a medicarme con antidepresivos. Unos meses después tuve una grave crisis maníaca. Me pasé 2 meses durmiendo como máximo 2 o 3 horas. Creía otra vez que me iba a volver loca. Yo seguía tomando antidepresivos hasta que la psiquiatra se dio cuenta que estaba sufriendo una fase maníaca. Entonces me recetó litio. Lo tomé durante varios años junto con antidepresivos tricíclicos, según el episodio en turno. Si me quitaban los antidepresivos, en seguida recaía en depresiones profundas. Más adelante, la doctora me cambió la medicación por antidepresivos inhibidores de la recaptación de la serotonina y a partir de entonces volví a sentirme como cuando tenía 16 años, sin enfermedad alguna.

Desde hace un par de años asisto a un grupo. Nos reunimos una vez al mes. Ahí hemos aprendido a reconocer cuándo nos viene un episodio nuevo. Es una gran ayuda porque esto es muy difícil para mí sola. Ahí aprendí que los enfermos bipolares somos más sensibles y susceptibles. Somos muy vulnerables. También aprendí a aceptar mi enfermedad, creo que es lo primero que hay que hacer. Sin embargo, no ha sido fácil: en los años que llevo con ella, en muchas ocasiones he estado al borde del suicidio.

Mi madre ha sufrido mucho conmigo, le agradezco toda su ayuda y comprensión. Ella me ha cuidado mucho porque decidimos, mi marido y yo, que por el bien de nuestro hijo, cuando aparecen las crisis yo me mudo con mis papás. Otras veces, es el niño el que se va con ellos.

Mi enfermedad ha afectado mucho mi vida. No he podido ser constante en los trabajos que he tenido. Mi marido ha tenido que aguantar todas mis depresiones, mis episodios maníacos y hasta dos intentos de suicidio. A mi hijo no he sabido demostrarle todo lo que lo quiero ni dedicarle el tiempo suficiente. Creo que ha pasado más tiempo con mis padres que conmigo. Las consultas, tres ingresos al hospital y sobre todo los medicamentos han hecho que nunca pudiéramos ahorrar. Sigo luchando aunque tenga momentos de debilidad. Tarde o temprano he logrado superar las crisis. Después veo la vida bonita y la disfruto y aprecio más que antes.

Abuso de sustancias tóxicas

Se considera que el trastorno bipolar es el desorden psiquiátrico que pone al individuo en el riesgo más alto para el abuso de sustancias. Varios estudios han demostrado la asociación entre el abuso de sustancias y el trastorno bipolar al revelar que aproximadamente 60% de los enfermos presenta un diagnóstico de abuso de drogas o alcohol. La cocaína y el alcohol parecen ser los agentes de abuso más comunes entre esta población.

Algunos individuos encuentran inicialmente una cierta clase de alivio de los síntomas cuando utilizan las drogas o el alcohol, aunque, a medida que continúan usándolas, las sustancias hacen que sus síntomas empeoren. La gente que tiene desórdenes de ansiedad puede utilizar las drogas que ayudan a calmar. Puede tratarse de drogas prescritas y tienden a abusar de ellas. Otras veces, cuando el enfermo no está en fase maníaca o hipomaníaca, puede utilizar drogas como la cocaína para reconstruir esa sensación.

Los sujetos que consumen cocaína pueden estar eufóricos constantemente; esto se debe a que la cocaína es un estimulante del sistema nervioso que puede provocar estados de ánimo muy parecidos a los de la Manía. El alcohol es el caso contrario porque es un depresor del sistema nervioso. El alcohol desinhibe al principio. Un alcoholizado sin Depresión se desinhibe y puede parecer simpático, alegre y dicharachero en la primera fase de los efectos del alcohol, pero en cuanto pasa a la siguiente fase se va hacia abajo y, como quiere repetir la experiencia del principio, va a beber más, pero ya no va a ser simpático, sino insoportable y es probable que hasta se ponga a llorar mientras babee. A escala bioquímica, el alcohol tiene efectos anestésicos, ansiolíticos y gratificantes. En dosis bajas, tiene un efecto desinhibidor. Al aumentar las dosis y prolongar la ingesta, el efecto es el contrario.

El abuso de sustancias puede ser letal al empeorar el curso del trastorno bipolar exacerbando la sensibilización neuronal. Además, el consumo de sustancias tiene connotaciones negativas a escala familiar y social que conducen a un mayor estrés y al aumento de ideación negativa. La combinación del alcoholismo y el trastorno bipolar genera un cuadro de enfermedad mucho más grave que cada una de estas enfermedades por separado. El consumo de alcohol aumenta ante la recurrencia de los episodios afectivos e incrementa el riesgo de muerte por suicidio. Por otro lado, la reducción de la ingesta produce una mejora del cuadro depresivo.

Niños

En la mayoría de los casos, el trastorno bipolar comienza a manifestarse en la edad adulta; sin embargo, puede hacerlo desde la infancia o la adolescencia. Hasta hace poco, era raro hacer un diagnóstico de este trastorno en niños ya que los síntomas en edad temprana pueden ser confundidos con otros trastornos, como el déficit de atención e hiperactividad (TDAH). El *Manual estadístico y de diagnóstico IV* (DSM-IV) todavía no presenta criterios separados para el diagnóstico de la enfermedad bipolar en niños.

Con frecuencia, un niño sano puede presentar cambios bruscos en el humor, la energía y el comportamiento. Cualquier niño puede pasar por momentos en los que tiene dificultades para estar quieto, controlar sus impulsos o afrontar la frustración. Esto no significa que sea maníaco-depresivo. Como hemos visto, la enfermedad en adultos está caracterizada por marcados cambios en el humor y la energía sufriendo episodios de Depresión y episodios de Manía. Sin embargo, se ha observado que este desorden se manifiesta de manera diferente en niños que presentan una mezcla de Manía y Depresión. Este ciclo rápido y severo de humor produce irritabilidad crónica y pocos periodos claros de normalidad entre los episodios. Los cambios rápidos de humor pueden durar desde unas horas hasta unos pocos días. En un momento se puede ver al niño con un humor expansivo, ya sea eufórico o irritable, para después verlo deprimido y cambiar de pronto a una rabia explosiva, duradera y hasta destructiva.

Otros síntomas del trastorno bipolar en un niño pueden ser desafiar la autoridad; presentar ansiedad por separación; implicación excesiva en múltiples proyectos y actividades; hiperactividad, agitación y distracción; pocas horas de sueño o, al contrario, dormir muchas horas; tener terrores nocturnos; mojar la cama (eneuresis); disminución de la capacidad de juicio, impulsividad, pensamiento acelerado y presión del habla; antojos fuertes y frecuentes, a menudo de caramelos y carbohidratos; comportamientos atrevidos y peligrosos; comportamiento sexual precoz o inapropiado; delirios y alucinaciones.

Puede haber comportamientos que deben poner a los adultos en alerta. El menor puede creer que tiene habilidades que desafían las leyes de la lógica, como poder volar desde una azotea. Cuando un niño continúa teniendo rabietas destructivas después de los cuatro años, habla de querer morir o quitarse la vida o realiza actos peligrosos como saltar desde un auto en movimiento, es necesario pedir ayuda.

Todos los niños pueden enfadarse ante una negativa, pero cuando estos enfados son incontrolables y exagerados es señal de que existe un problema. Muchos menores que para sus padres fueron "tremendos", "no se estaban quietos" o "eran difíciles de calmar" en los primeros años y dormían de forma irregular fueron diagnosticados bipolares en la edad adulta.

La gran diferencia entre un niño que tiene comportamientos propios de su edad y su personalidad y uno que está siendo afectado por un trastorno bipolar está en el sufrimiento y su capacidad de disfrutar; sin embargo, aun cuando el comportamiento de un niño sea claramente anormal y esté sufriendo, el diagnóstico correcto es todo un reto para el especialista. El trastorno bipolar con frecuencia se acompaña de síntomas de otras enfermedades psiquiátricas. En algunos menores, el tratamiento adecuado mejora los síntomas problemáticos que padecían debido a otro diagnóstico. En otros, la enfermedad bipolar podría explicar sólo una parte de un caso más complejo que puede incluir factores neurológicos, de desarrollo o emocionales. Las enfermedades que suelen confundirse o pueden tener lugar al mismo tiempo que el trastorno bipolar son: Depresión; trastorno de déficit de atención e hiperactividad (TDAH); trastorno de la conducta (TC); trastorno oposicional-desafiante (TOD); trastorno de ansiedad generalizada; trastorno obsesivo-compulsivo (TOC); trastorno de pánico; trastorno explosivo intermitente; síndrome de Tourette, y trastorno reactivo del vínculo.

Cuando aparecen los primeros síntomas de un trastorno bipolar en un niño, los adultos cercanos suelen interpretarlos como un mal comportamiento, un asunto de educación que requiere corrección, muchas veces castigo. En la mayoría de los casos, pasan años de batalla antes de que sean diagnosticados y empiece el tratamiento, con frecuencia hasta la edad adulta. Mientras el tratamiento no comience, el trastorno empeora y el funcionamiento del menor en casa y en el colegio se va deteriorando progresivamente. Los resultados de una enfermedad bipolar no tratada o tratada inadecuadamente pueden incluir un aumento innecesario de comportamientos y síntomas que lleven a la expulsión del colegio, el internamiento en un centro residencial de tratamiento o en un hospital psiquiátrico, o la encarcelación. La enfermedad empeora debido a la falta de medicación y el niño puede desarrollar trastornos de la personalidad tales como narcisismo, antisociabilidad y de personalidad límite. Al llegar a la adolescencia tendrá un alto riesgo de incurrir en el abuso de drogas o alcohol, de tener accidentes y hasta de suicidarse.

El diagnóstico oportuno es importante, ya que guía las decisiones de tratamiento adecuado. Para que el especialista pueda hacer el diagnóstico más acertado, deberá contar con la mayor cantidad de información posible, como es el comportamiento del niño durante un tiempo, su desarrollo y todo lo que se sepa de la historia familiar. Se recomienda que los padres que sospechan que su hijo tiene el trastorno bipolar (o cualquier enfermedad psiquiátrica) tomen notas diariamente acerca del humor de su hijo, su conducta, patrones de sueño, acontecimientos inusuales y palabras del niño que preocupen, como "quiero morir". Estas notas ayudarán al médico en su evaluación más que la entrevista con el menor, ya que los niños con trastorno bipolar pueden ser encantadores y carismáticos durante una consulta y parecer que están muy bien.

El médico ideal para diagnosticar y tratar a un niño con trastorno bipolar es un paidopsiquiatra (psiquiatra infantil) titulado y experimentado. Por desgracia, no hay muchos psiquiatras infantiles en nuestro país y no todos tienen la experiencia en el tratamiento de la enfermedad bipolar en niños. Si el lugar donde vive no tiene un psiquiatra infantil con experiencia en trastornos del humor, entonces busque un psiquiatra de adultos que tenga experiencia amplia en trastornos del humor, así como amplia experiencia en tratar este trastorno. Otro especialista que podría ayudar, al menos con una evaluación inicial, es un neurólogo infantil. Los pediatras que consultan con psicofarmacólogos podrían también ofrecer un cuidado competente. Una buena opción es llevar al niño con un médico especializado en la ciudad más cercana para el diagnóstico y estabilización. Éste puede después ponerse en contacto con el pediatra local para el manejo médico del tratamiento del niño. Su pediatra podrá consultar con el psiquiatra infantil cuando lo necesite. Es recomendable que el médico elegido tenga una amplia experiencia en psicofarmacología y se mantenga al día en la investigación de este campo; le explique claramente los pormenores de la enfermedad; escuche bien; tenga la capacidad de responder pronto a las llamadas; se ofrezca a trabajar estrechamente con los padres y tenga una buena relación con el niño.

El U.S. Food and Drug Administration (FDA) ha aprobado sólo unas cuantas medicaciones psiquiátricas para uso pediátrico. Con frecuencia los psiquiatras se ven en la necesidad de adaptar lo que saben respecto al tratamiento de adultos a los niños y adolescentes. Los medicamentos usados para tratar adultos suelen ayudar a estabilizar el humor en niños. Tras el diagnóstico, de inmediato se inicia el tratamiento si los padres están de acuerdo. Si alguno de los padres tiene dudas o se opone, se espera por un tiempo prudente para observar y clasificar los síntomas. Sin embargo, el tratamiento no debería ser pospuesto a largo plazo debido al riesgo de suicidio, la posibilidad de fracaso escolar y las consecuencias psicológicas que esto conlleva.

Es difícil para los padres aceptar que su hijo tiene una enfermedad crónica que requiere tratamiento con varios medicamentos, pero no hay que pensarlo mucho. El trastorno bipolar no tratado tiene un porcentaje fatal de suicidio. Los riesgos de no tratar la enfermedad son sustanciales y deben medirse frente a los riesgos desconocidos por el uso de medicación, cuya seguridad y eficacia se han constatado al menos en adultos.

Cuando un niño presenta síntomas de trastorno bipolar debe estar bajo supervisión constante aun cuando ya esté en tratamiento, ya que no hay un medicamento que funcione en todos los niños. Una vez iniciado el tratamiento es necesario esperar un proceso de prueba y error que puede durar semanas, meses o más, ya que el psiquiatra probará varios fármacos solos y en combinación antes de encontrar el mejor tratamiento para el niño. A veces son necesarios dos o más estabilizadores del humor, además de medicinas adicionales para tratar síntomas residuales con el fin de conseguir una estabilidad mantenida. Es importante no desanimarse durante la fase inicial del tratamiento y tener mucha paciencia.

La intervención y tratamiento tempranos ofrecen la mejor oportunidad para el niño con enfermedad bipolar para ganar en estabilidad y que así pueda crecer y aprender al máximo de sus posibilidades. Un tratamiento apropiado puede minimizar los efectos adversos que la enfermedad tiene sobre su vida y su familia. Una vez que la enfermedad ha sido identificada, debe dirigirse toda la energía al tratamiento, la educación y el desarrollo de estrategias de afrontamiento.

Además de visitar a un psiquiatra infantil, el plan de tratamiento para un niño con enfermedad bipolar debe incluir la psicoterapia. Ésta es adicional y podría no ser efectiva hasta que no haya una estabilización del humor. La terapia interpersonal y los grupos de apoyo multifamiliar son parte esencial del tratamiento para niños con trastorno bipolar.

Como en el caso de muchas enfermedades infantiles, han sido los padres los que se han dado a la tarea de investigar qué es lo mejor para sus hijos. Ellos han descubierto técnicas que ayudan a calmar a sus hijos cuando están sintomáticos y pueden ayudar a prevenir y contener recaídas. Ellos aconsejan: practicar y enseñar al niño técnicas de relajación; sujetarlo con firmeza para contener las rabietas; priorizar las discusiones y pasar por alto los temas menos importantes; reducir el estrés en el hogar, incluyendo el aprendizaje y buen uso de las habilidades para escuchar y comunicarse; utilizar música y sonido, luz, agua, y masaje para atender al niño cuando se despierta, cuando se duerme y como relajación; abogar por la reducción de estrés y otras adaptaciones necesarias en el colegio del niño; ayudar a su hijo a anticipar y evitar, o prepararse para situaciones de estrés, controlando estrategias de afrontamiento con anticipación; animar la creatividad del niño a través de actividades que expresen y canalicen sus talentos y dones; ofrecer una estructura rutinaria y con gran libertad dentro de unos límites claros; retirar objetos que el niño pueda utilizar para hacerse daño o hacer daño a otros durante sus explosiones de ira, especialmente armas; mantener los medicamentos bajo llave.

Cuando un niño ha sido diagnosticado con el trastorno bipolar, significa que su salud está significativamente afectada como en cualquier otra enfermedad crónica. La enfermedad bipolar y los medicamentos utilizados para tratarla pueden afectar en la asistencia del niño al colegio, la atención y concentración, la sensibilidad a la luz, el ruido, el estrés, la motivación y energía necesarias para el aprendizaje. Su rendimiento puede variar mucho en diferentes momentos del día y del año escolar.

Las necesidades educacionales de un niño con enfermedad bipolar varían dependiendo de la frecuencia, gravedad y duración de los episodios de la enfermedad. Estos factores son difíciles de predecir. Las transiciones a un nuevo profesor y a una nueva escuela, la vuelta al colegio después de vacaciones o las ausencias son épocas en las que generalmente hay un aumento de los síntomas en estos niños. Lo mismo ocurre cuando hay un cambio de medicamento. Los efectos secundarios de la medicación que pueden ser problemáticos en la escuela incluyen aumento de la sed y de la necesidad de orinar, somnolencia excesiva o agitación y falta de concentración. Algunos niños ganan peso, se fatigan y tienden a recalentarse y deshidratarse fácilmente. Esto afecta su participación en las actividades físicas como gimnasia y deportes.

Cuando un niño con trastorno bipolar muestra un alto nivel de creatividad conviene fomentarle actividades como el arte, la música, la pintura y otras que ayuden a reducir el aburrimiento.

Adolescentes

> Pensamos que nuestra hija estaba teniendo una adolescencia muy difícil. Sólo eso.

En adolescentes, los síntomas de la enfermedad bipolar se presentan muy similares a los de los adultos, añadiendo una notable baja en su rendimiento escolar.

Para algunos adolescentes, el primer episodio depresivo o maníaco puede desencadenarse debido a una pérdida significativa o a algún acontecimiento traumático. Los siguientes episodios pueden presentarse independientemente de cualquier evento estresante o podrían empeorar con el estrés.

La adolescencia es un periodo de riesgo. En las mujeres, su primera menstruación puede desencadenar el primer episodio y la gravedad de los síntomas suele variar durante el ciclo menstrual.

A partir de la primera manifestación de la enfermedad, los episodios tienden a recurrir y empeorar si no se ha iniciado el tratamiento. Diferentes estudios muestran que lo común es que pasen diez años desde que se presentan los primeros síntomas hasta que comienza el tratamiento. Esto significa que el adolescente tuvo que transitar hasta la edad adulta padeciendo varios episodios depresivos y maníacos en una etapa en la que ya se vieron afectados su desarrollo y su calidad de vida. Una intervención oportuna y el inicio del tratamiento cuanto antes pueden hacer la diferencia durante este periodo crítico.

Si un adolescente presenta cuatro o más de los síntomas descritos en los episodios maníacos y/o depresivos y éstos persisten más de dos semanas, es recomendable que sus padres acudan con un especialista para que lo someta a una evaluación.

Uno de los mayores riesgos para un adolescente con trastorno bipolar es el abuso de sustancias como el alcohol y las drogas. Cualquier adolescente que abuse de sustancias deber ser evaluado por un posible trastorno del humor. Estos jóvenes utilizan sustancias para intentar controlar sus cambios de humor e insomnio. Tanto las drogas como el alcohol pueden estar disponibles entre sus amigos. Si se da el caso, deberá tratarse el trastorno bipolar y el abuso de sustancias al mismo tiempo.

Testimonio de un joven (AA)

Fui diagnosticado bipolar en la adolescencia. Para ese entonces ya había abusado del alcohol y las drogas, muchas drogas, incluso alucinógenas. Me volví muy reservado. También mi personalidad cambió mucho y me convertí en un egoísta y un egocéntrico. Encontré el cielo y el infierno. Creo que he muerto varias veces. Al principio, las drogas eran divertidas, pero después se volvió un asunto muy amargo, era desgraciado. Pensé demasiado en el suicidio, creí que era mi única opción. Intenté dejar la droga muchas veces, pero caía siempre nuevamente. Entonces mi familia intervino. Me internaron en un programa de supervivencia por 45 días. Cuando salí, dejé de frecuentar a mis viejos amigos con los que me drogaba, pero entonces el alcohol se volvió un problema. Entré al hospital algunas veces hasta que fui a Alcohólicos Anónimos.

> Volví a estar hospitalizado 10 días por un episodio maníaco; fue cuando me diagnosticaron el trastorno bipolar y empecé mi tratamiento. He estado limpio del alcohol y de las drogas por más de un año. Es milagroso el cambio en mi estilo de vida. Ahora tomo mi medicación normalmente para mi desorden bipolar. Antes pensaba que necesitaba una sustancia en mí todo el tiempo para conseguir sobrellevar todo un día. Ahora he encontrado la curación a mi adicción a través del grupo de AA. Al principio me fue difícil aceptar lo que decían en esas reuniones porque pensaba que para ellos era más fácil porque no tenían un desorden cerebral como yo. Después entendí que pensar así era mi negación. Ahora miro a cada recién llegado y veo en él algo de mí. Entonces me doy cuenta hasta dónde he llegado y sé que no deseo regresar. Voy al grupo todos los días y tomo mi medicamento. Esas dos cosas son lo más importante para estar vivo. En el grupo aprendí que es un día a la vez. He descubierto quién soy de nuevo. Los beneficios de estar sobrio se los debo a Dios.

Cuando la conducta de un adolescente preocupa a los padres, especialmente si realiza actos de violencia, amenaza o tiene ideas suicidas, deben llevar de inmediato a su hijo con un profesional experto en los síntomas y el tratamiento temprano de la enfermedad bipolar para que lo evalúe.

Con un tratamiento apropiado y apoyo en casa y en el colegio, muchos adolescentes con la enfermedad bipolar consiguen una reducción significativa de la gravedad, frecuencia y duración de los episodios. Un buen tratamiento incluye, además de los medicamentos, un monitoreo estrecho de los síntomas, psicoterapia para el paciente y la familia, reducción del estrés, buena nutrición, ejercicio y sueño regular y, de ser posible, participación en una red de apoyo. Con educación acerca de su enfermedad (al igual que se ofrece a jóvenes con epilepsia, diabetes y otros), los adolescentes aprenden a manejar y monitorear sus síntomas. En la mayoría de los casos el tratamiento logra estabilizar el humor y le permite manejar y controlar los síntomas.

Adherirse a la medicación y el plan de tratamiento es esencial para obtener los mejores resultados.

La familia de un niño o adolescente con trastorno bipolar necesita trabajar estrechamente con su médico y otros profesionales del mismo modo que se hace cuando tienen otra enfermedad crónica, como diabetes, epilepsia o asma. La familia que se involucra completamente en el plan de tratamiento del niño o adolescente puede reducir la frecuencia, duración y gravedad de los episodios. También ayudará a mejorar su habilidad para funcionar con éxito en casa, en el colegio y en la comunidad.

Lo primero que los padres deben hacer es informarse y leer ampliamente todo lo que puedan acerca de la enfermedad bipolar. Estar bien informados ayudará a manejar mejor las recaídas con una intervención temprana en la primera reaparición de los síntomas.

Lo segundo es seguir al pie de la letra la prescripción del médico. El niño o adolescente no debe suspender el tratamiento porque ya parece estar bien, ni debe reducirse o aumentar una dosis sin consultar al especialista.

Es recomendable que los padres participen en grupos de apoyo. Si no existe uno en su comunidad pueden iniciarlo formando una red de apoyo con otros padres.

Embarazo, posparto y lactancia

Como norma general, no está contraindicado que una mujer con trastorno bipolar se embarace. No obstante, el momento de la gestación siempre debe planearse cuidadosamente con la supervisión del psiquiatra, quien debe sugerir el tratamiento a seguir. Esto es importante ya que algunos medicamentos pueden producir efectos secundarios sobre el feto. El médico informará a la paciente acerca de los riesgos de cada una de las opciones. Con base en su historia clínica, decidirá si procede o no modificar o suspender el tratamiento. Él tomará en cuenta diversos factores, como la gravedad de los episodios, la frecuencia, la duración de éstos y del actual periodo de eutimia (estado de ánimo estable), así como el riesgo de los tratamientos prescritos de producir malformaciones congénitas.

El embarazo, el posparto y la lactancia materna son tres situaciones de elevado riesgo en el trastorno bipolar desde el punto de vista psiquiátrico. El tratamiento se puede desarrollar con más eficacia si, además de planear el embarazo, se mantiene una supervisión constante del psiquiatra a lo largo de todo el proceso.

Las malformaciones congénitas representan el principal riesgo de la ingesta de medicamentos psiquiátricos durante el embarazo. Por lo general, éstas se deben a daños sufridos por el feto durante los primeros tres meses de gestación. Por este motivo, durante este trimestre se procura que la toma de medicamentos se reduzca al máximo y, de ser posible, suspenderla.

Algunos neurolépticos han sido utilizados ampliamente en mujeres embarazadas. Son aquellos que se consideran fármacos de muy bajo riesgo de producir malformaciones congénitas.

En cuanto a los antidepresivos, excepto en el caso de los conocidos como IMAOs, no existen datos que permitan sugerir incremento del riesgo de malformaciones congénitas que se deban a la ingesta de éstos durante el embarazo.

Es en el uso de estabilizadores del humor (eutimizantes) donde se debe tener más precaución. Si se prescriben durante el embarazo, la mujer debe ser informada del riesgo existente, aunque bajo, de malformaciones congénitas en el feto. En el caso de algunos de estos medicamentos, puede producirse una malformación del sistema nervioso (espina bífida) que ocasiona severos trastornos del movimiento en las extremidades inferiores y dificultades para controlar el esfínter anal y de la orina. Otros pueden producir malformaciones en el corazón.

Los ansiolíticos e hipnóticos (benzodiazepinas), habitualmente prescritos para el tratamiento de la ansiedad y el insomnio, tienen un bajo riesgo de producir malformaciones congénitas. La más frecuente derivada del uso de benzodiazepinas es el labio leporino (fisura en el paladar), con una incidencia de 0.7%.

La terapia electroconvulsiva es una alternativa eficaz y segura al tratamiento farmacológico en el trastorno bipolar, tanto para episodios depresivos como para episodios maníacos durante el embarazo. No produce efectos secundarios sobre el feto, por lo que puede ser el tratamiento de primera elección en caso necesario.

El periodo de posparto (puerperio) es de alta vulnerabilidad para las recaídas, tanto para episodios depresivos como maníacos. Dependiendo del caso, es probable que el psiquiatra prescriba el inicio de un tratamiento eutimizante a partir del día posterior al parto. Durante este periodo, el objetivo será que la madre presente un adecuado estado de salud que le permita dedicarse de forma satisfactoria al cuidado de su bebé. Por este motivo, es de gran importancia mantener el tratamiento psicofarmarcológico. Debido a que se desconocen los efectos secundarios que pueden tener los medicamentos psiquiátricos tomados por la madre en la lactancia sobre el recién nacido, la mayoría de los psiquiatras aconseja suprimirla y alimentar al bebé con una fórmula.

Otro factor a considerar es el hereditario. Que una mujer o un hombre padezcan del trastorno bipolar no significa que necesariamente lo heredarán a sus hijos. Sin embargo, es una cuestión que también conviene discutir con el médico y entre la pareja. La historia familiar jugará un papel muy importante para considerar el porcentaje de riesgo en una familia. Se ha visto que cuando la presencia del padecimiento se da en ambas familias, el riesgo de herencia es mucho más alto.

Creatividad

Existe la creencia de que el trastorno bipolar incrementa la creatividad del individuo. Lo cierto es que este padecimiento se encuentra en una gran cantidad de gente con talento creativo, como escritores, poetas, músicos, pintores, escultores y científicos. Una gran cantidad de figuras famosas en la historia que han tenido el don de la creatividad se cree que tuvieron el trastorno bipolar, y fueron diagnosticadas póstumamente con base en cartas, escritos o algunos hechos de su vida.

Una teoría es que la Manía produce una aceleración en el pensamiento, lo que permite una mayor y más rápida generación de ideas, y también produce una larga asociación de ideas e información sin una relación aparente. El incremento de energía permite también un volumen alto de producción. Sin embargo, durante los episodios de Depresión, toda esa energía desaparece y esto hace que el artista se sienta frustrado. Es un ciclo con el que muchos famosos han tenido que vivir durante toda su vida.

No todos los que padecen trastorno bipolar son creativos. Lo que se ve es que, cuando un individuo creativo se ve afectado por esta enfermedad, su producción artística es notable. La fase hipomaniaca de la enfermedad les permite una mayor concentración en las actividades, y la fase maniaca les permite trabajar las 24 horas sin detenerse, con una necesidad mínima de sueño, pero pronto el espiral termina en un estado que debilita la creatividad.

Entre los escritores famosos que han sido diagnosticados como maníaco-depresivos se encuentran Honorato de Balzac, William Faulkner, F. Scott Fitzgerald, Graham Greene, Ernest Hemingway, Herman Hesse, Mark Twain, Charles Dickens, Edgar Allan Poe, Leon Tolstoi, Virginia Wolf y Emile Zola. También los poetas Antonin Artaud, Charles Baudelaire, Emily Dickinson, T.S. Eliot, Victor Hugo y John Keats. En el ámbito de la música tenemos a George Friedrich Händel, Gustav Mahler, Robert Shuman, Piotr Ilich Chaikovski, Kurt Cobain y Peter Gabriel. Asimismo, destacan los pintores Paul Gauguin y Vincent van Gogh y el escultor y pintor Michelangelo Buonarroti.

Mucha gente famosa con grandes logros tenía síntomas de la enfermedad, como Abraham Lincoln, Winston Churchill y Theodore Roosevelt. Las biografías de Beethoven, Newton y Dickens, en particular, revelan cambios de humor recurrente severos y debilitantes que comenzaron en su niñez. En el caso del escritor Jack London se sabe que, después de producir una obra enorme, murió por una sobredosis de morfina.

2

Lo que No es trastorno bipolar

Como ya vimos, el desorden bipolar es no sólo una fluctuación en los estados de ánimo, sino también una enfermedad seria que debe ser tratada por un médico psiquiatra bien entrenado. El diagnóstico no es sencillo ya que diferentes cuadros y enfermedades pueden ser fácilmente confundidos con Depresión o Manía. Sólo el médico bien entrenado puede sospechar que lo que parece ser un trastorno psiquiátrico es sólo un síntoma de otro tipo de problema.

Varias enfermedades se pueden confundir con un desorden bipolar. Si nos encontramos con un episodio maníaco y no hay antecedentes claros de Depresión, las fases de exaltación se parecen, a veces, a un trastorno psicótico como la esquizofrenia. El curso de la enfermedad, a la larga, es muy esclarecedor. El tratamiento de un cuadro maníaco y el de un brote psicótico como la esquizofrenia pueden ser parecidos, pero los episodios maníacos suelen curar sin demasiadas secuelas. La importancia de afinar el diagnóstico es que el tratamiento adecuado puede ser muy diferente. Un diagnóstico equivocado puede provocar que los medicamentos, en lugar de mejorar, empeoren la condición del individuo.

La Depresión es la entidad clínica por la que acuden más pacientes a todos los consultorios médicos en el mundo. Las personas que llegan a hospitales de primer, segundo o tercer nivel son pacientes que o bien tienen un padecimiento crónico que los obliga a pensar en un tratamiento hospitalario o son pacientes quirúrgicos en su mayoría. Otros serían los pacientes adultos cuyo estado general se ve afectado seriamente por una enfermedad crónica como puede ser una diabetes o algunos trastornos vasculares o cardiovasculares cuyas complicaciones ponen en peligro la vida y requieren hospitalización. El resto de los enfermos que llegan a hospitales son niños con enfermedades infecciosas agudas, sobre todo respiratorias y digestivas, o individuos traumatizados que llegan a las salas de urgencias.

Los pacientes que acuden a los consultorios médicos son llamados ambulatorios, y es éste el grupo al que me refiero. Les llamamos ambulatorios porque pueden bastarse a sí mismos para transportarse hasta el consultorio y definir con el médico la enfermedad que padecen. Aquí es donde la Depresión es la más frecuente de los padecimientos. Algunos médicos consideran que uno de cada ocho pacientes que llegan por su propio pie a un consultorio médico tiene Depresión. Éste es un porcentaje muy elevado que pudiera ser el punto de partida para considerar la verdadera morbi-mortalidad de lo que es una enfermedad como la Depresión.

El médico de primer nivel, que atiende las consultas externas por primera vez, tiene acceso nada más a la información que le proporcione el paciente. Pero sucede que, en el lenguaje coloquial cotidiano, el término *depresión* se usa para indicar un estado de ánimo. Es común que un enfermo con Depresión diga que está enfermo de los nervios o: "yo creo que lo que tengo es nervioso" o "creo que es psicológico". El médico que ve por primera vez a un paciente se queda con una impresión diagnóstica sugerida por los comentarios del individuo. La mayoría de los médicos que ven a un paciente deprimido por primera vez se quedarán con la impresión de que están ante un cuadro de ansiedad o angustia. Para los médicos psiquiatras las dos palabras significan exactamente lo mismo. Son pacientes que llegan ansiosos y lo van a referir de varias maneras.

El médico tendría que diferenciar entre el estado de ansiedad natural que puede tener una persona ante una consulta médica cualquiera y el estado de ansiedad que provoca una Depresión. Hay mucho más médicos entrenados para diagnosticar la ansiedad que los que están preparados para diagnosticar una Depresión. La sola idea de suponer que uno puede tener cáncer es suficientemente temible como para presentar un estado de ansiedad elevada. Esta condición puede desviar la atención del médico hacia la ansiedad.

El paciente puede presentarse quejándose de insomnio. El insomnio suele acompañar a los estados de ansiedad. Lo que muchos médicos de primer nivel ignoran es que hay diferentes tipos de insomnio que son indicadores de problemas diferentes. El riesgo de que el médico diagnostique un cuadro de ansiedad en un paciente que en realidad tiene Depresión es que va a recetarle ansiolíticos que lo van a deprimir más. Este tipo de tratamiento va a tranquilizar al paciente por unos días sin que su padecimiento mejore. Pero al ser los ansiolíticos depresores del sistema nervioso central y psicolépticos, van a provocar un estado de aletargamiento de las funciones del organismo y no sólo del estado de ánimo. Esto va a ocultar, principalmente, el cuadro clínico real en muchos pacientes.

Para diagnosticar un episodio depresivo, el médico tiene que comprobar que el paciente presente los nueve síntomas principales que mencionamos en este libro y excluir todo lo demás. Incluso el hecho de que una persona sólo en un momento dado puede presentar todos los síntomas de la Depresión en alguna hora especial del día o en ciertos lugares no significa que tenga una Depresión significa nada más que está teniendo sintomatología depresiva que no corresponde a la enfermedad llamada Depresión ni a un episodio depresivo mayor. Incluso un alcohólico que no haya seguido su programa durante años y que tenga crisis depresivas puede estar teniendo aparentemente una Depresión mayor, pero en realidad lo que le falta es recuperación porque no ha seguido su programa de AA.

Es muy frecuente que las personas con trastorno bipolar presenten otras enfermedades psiquiátricas. Es reiterada la asociación con trastornos por dependencia o por abuso de sustancias, o con trastornos inducidos por ellas. Es factible que se asocien trastornos de la personalidad o dificultades para el control de los impulsos. A veces es difícil discernir si los síntomas corresponden a un trastorno de personalidad o a un episodio maníaco. Lo importante, en estos casos, es tratarlos como si de síntomas maníacos se tratase. Las enfermedades imitadoras del sistema nervioso central que se presentan con síntomas de Depresión son la narcolepsia, epilepsia, convulsiones parciales complejas, hidrocefalia con presión normal, corea de Huntington, esclerosis múltiple, enfermedad de Pick y tumores.

Las infecciones cerebrales pueden provocar un confuso conjunto de síntomas psiquiátricos, como son la encefalitis viral, la epilepsia y la enfermedad de Parkinson.

Trastornos imitadores

Dichos trastornos son del estado de ánimo inducidos por ingestión de sustancias o drogas capaces de inducir estados parecidos a los maníacos.

La reacción al consumo de algunas drogas, legales o ilegales, puede presentarse con los síntomas de un cuadro depresivo, siendo esta condición una de las imitadoras más frecuentes. Las drogas cuyo efecto imita a la Depresión grave o al trastorno bipolar son PCP, tolueno, mariguana, anfetaminas, cocaína, sedantes, hipnóticos, heroína y metadona.

Inducción de la Manía por un tratamiento antidepresivo. Si desaparece por completo al reducir la medicación antidepresiva, se diagnostica como inducido por sustancias (antidepresivos).

Inducción por el tratamiento electroconvulsivante (ECT, TEC, electroshock, electrochoque). Es muy raro, pero posible.

Trastorno por déficit de atención con hiperactividad (TDAH). Comúnmente es diagnosticado en la infancia en especial si el niño presenta, al mismo tiempo, síntomas depresivos, lo que puede plantear dudas con un episodio mixto. Cuando hay alucinaciones o ideas delirantes, su contenido concuerda normalmente de una forma clara con el estado de ánimo predominante. Una idea delirante habitual es la de creerse perseguido a causa de una transgresión moral o de cualquier incapacidad personal. Puede haber ideas delirantes de destrucción personal o del mundo, somáticas (cree tener cáncer u otra enfermedad grave) o de pobreza. Cuando hay alucinaciones, son generalmente transitorias y no elaboradas y pueden consistir en escuchar voces que lo censuran por su maldad o por sus efectos.

Trastorno por hiperactividad con déficit de atención. Este trastorno también suele presentarse desde la infancia y se caracteriza por una actividad persistente excesiva y una inquietud que podrían confundirse con un episodio maníaco. Pero el estado de ánimo no es anormalmente expansivo o elevado y la alteración no tiene un inicio relativamente claro, lo cual es característico del episodio maníaco.

Esclerosis múltiple, con afectación del lóbulo frontal. En este padecimiento se pueden presentar cambios conductuales, como apatía, falta de motivación, seudodepresión o, por el contrario, desinhibición, impulsividad, infantilismo, agresividad e irascibilidad.

Tumores cerebrales. La presión intracraneal que ejerce un tumor puede provocar trastornos en el comportamiento, como irritabilidad, labilidad emocional, fallos en el discernimiento, alteraciones de la memoria, falta de iniciativa e indiferencia a las costumbres sociales, entre otros.

Demencias que cursan con frontalización. Hay la enfermedad de Pick, por ejemplo, que presenta síntomas como cambios en el comportamiento, incapacidad para desempeñarse o interactuar en situaciones sociales o personales, aislamiento social, cambios abruptos en el estado de ánimo y disminución del interés por las actividades cotidianas, entre otros.

Esquizofrenia. En la esquizofrenia hay normalmente algunos síntomas depresivos. Una persona con esquizofrenia de tipo catatónico puede parecer retraída y deprimida, por lo que puede ser difícil diferenciar tal estado de una Depresión mayor. El diagnóstico de esta enfermedad puede resultar difícil ya que la alteración del estado de ánimo, particularmente con síntomas depresivos o maníaco-depresivos, es común en todos los individuos con esquizofrenia. Le esquizofrenia puede presentar una conducta peculiar llamativa, como coleccionar basura, hablar sólo en público o acumular comida. Puede presentar una obsesión extraña por el pensamiento mágico no consistente con las normas de su medio cultural, por ejemplo: superstición, clarividencia, telepatía, *sexto sentido*, y pueden tener experiencias inhabituales como sentir la presencia de energías de personas ausentes. Algunos episodios agudos de Manía que llega a sufrir el paciente con trastorno bipolar generan delirios y sensación de ser perseguido o agredido. Esto se confunde con alucinaciones (percepciones falsas de hechos amenazantes que parecen reales) propias de la esquizofrenia, lo que complica particularmente la detección.

Delirium. Este síndrome consiste en una reducción de la capacidad para mantener la atención a los estímulos externos y dirigirla a los estímulos nuevos. El pensamiento es desorganizado y se manifiesta a través de un lenguaje parco, irrelevante o incoherente. También incluye alteraciones en el ciclo de sueño-vigilia, en el nivel de actividad psicomotora y deterioro de la memoria, en especial de la memoria reciente. Los trastornos emocionales son muy frecuentes y variables. Incluyen ansiedad, miedo, depresión, irritabilidad, ira, euforia y apatía. Los sentimientos depresivos intensos pueden conducir a actos autodestructivos.

La fluctuación de los síntomas es una de las características más definitoria del delirium. Es típico que el sujeto empeore en las noches de insomnio y en la oscuridad y que se halle más atento y coherente por la mañana. Las causas del delirium suelen encontrarse fuera del sistema nervioso y son las siguientes: infecciones sistemáticas, trastornos metabólicos, trastornos del equilibrio iónico, enfermedades hepáticas o deficiencia de tiamina, estados posoperatorios, intoxicación y abstinencia de sustancias psicoactivas. También puede aparecer en la encefalopatía hipertensiva, después de un ataque epiléptico y en la recuperación de la conciencia tras un traumatismo cerebral.

Enfermedad de Alzheimer. En esta enfermedad la pérdida progresiva de la memoria es el síntoma más notorio. Implica una variada pérdida de capacidades intelectuales (memoria, capacidad de juicio, pensamiento abstracto) y se acompaña de modificaciones en la personalidad y en la conducta. Pocas veces se presenta antes de los 49 años de edad.

A veces, el cuadro clínico puede complicarse por la presencia de síntomas depresivos significativos o de ideas delirantes.

Puede haber cambios sutiles de la personalidad, como apatía, falta de espontaneidad y retraimiento en las interacciones sociales. A diferencia de la Depresión, el sujeto se mantiene ordenado y bien vestido y, salvo explosiones de irritabilidad ocasionales, opera y se comporta de forma socialmente adecuada. A medida que la enfermedad progresa a su estadio medio, los déficits se van haciendo evidentes y la conducta de la personalidad aparece afectada de un modo más obvio. En el último estadio de la enfermedad, el sujeto puede estar completamente ausente e incapaz de fijar su atención. En este punto es totalmente incapaz de autocuidarse. Este estadio conduce inevitablemente a la muerte.

La enfermedad de Alzheimer y la demencia por infarto múltiple pueden ser difíciles de distinguir de un episodio depresivo mayor cuando aparecen en el anciano, debido a la presencia de desorientación, apatía y quejas sobre dificultades de concentración por pérdida de memoria. Los ancianos afectados por un episodio depresivo mayor pueden presentar síntomas muy sugerentes de Alzheimer.

Hipocondría. Por lo general el paciente hipocondríaco expone su historial médico con gran detalle y extensión. Tiene una historia de peregrinaciones médicas y deterioro de las relaciones médico-paciente, con frustración por ambas partes. Con frecuencia también se observa ansiedad, estado de ánimo deprimido y rasgos de personalidad obsesivo-compulsiva. El deterioro es grave cuando la persona pierde el interés por la vida y se queda en la cama. Los individuos que presentan este trastorno difícilmente reciben la atención apropiada.

En algunos casos de Depresión mayor puede haber ideas delirantes de padecer una enfermedad. Un deprimido puede tener preocupaciones hipocondríacas, pero éstas rara vez tendrán la larga duración de los síntomas hipocondríacos.

Trastorno por somatización. El paciente con este trastorno presenta síntomas somáticos recurrentes y múltiples, a veces con muchos años de duración con un curso crónico y fluctuante. Es muy frecuente la asociación con un estado de ánimo ansioso y deprimido. Muchos individuos que presentan este trastorno y que buscan cuidado psiquiátrico lo hacen a causa de los síntomas depresivos, entre los que se encuentran amenazas e intentos de suicidio. Son también frecuentes la conducta antisocial y los problemas laborales, interpersonales y matrimoniales. También puede haber alucinaciones, por lo general relacionadas con voces que pronuncien el nombre del sujeto, sin que por otro lado exista la afectación del contacto con la realidad.

A causa de los síntomas depresivos puede haber largos periodos de incapacitación. El individuo presenta una historia de múltiples síntomas físicos o la creencia de estar enfermo. Los síntomas aparecen no sólo durante las crisis de angustia.

Trastorno autista. Este trastorno comienza en la infancia y se caracteriza por un deterioro cualitativo en la interacción social. El sujeto tiende a ignorar de forma persistente la existencia o los sentimientos de los demás. En periodos de estrés no hay búsqueda de apoyo o el sujeto lo busca de forma estereotipada, por ejemplo: repitiendo una palabra cualquiera muchas veces. Tiene incapacidad o dificultad para imitar y presenta anomalías o ausencia de juegos sociales; un niño autista no participa en juegos simples, prefiere el juego solitario y tiene un déficit considerable en su capacidad para hacer amigos.

Presenta un deterioro cualitativo en la comunicación verbal y no verbal y en la actividad imaginativa. Es posible que no se comunique en ninguna forma. Si lo hace evita el contacto visual y mantiene la mirada pérdida. Presenta anomalías graves en la forma o contenidos del lenguaje, incluyendo su uso repetitivo y estereotipado, por ejemplo: repetir mecánicamente anuncios de la televisión. Tiene un deterioro importante en la capacidad para iniciar o mantener una conversación con los demás, puede embarcarse en largos monólogos sobre un tema sin dejar que los otros intervengan.

Puede presentar una preocupación excesiva por detalles de formas de distintos objetos y mostrar un malestar importante frente a pequeños cambios del entorno, por ejemplo: puede alterarse si se cambia un sillón de lugar. Presenta una excesiva insistencia en seguir rutinas con gran precisión. Tiene una restricción notable en el conjunto de intereses y preocupación excesiva por algún aspecto determinado y puede presentar un interés centrado únicamente en alinear objetos.

Un buen ejemplo de este trastorno está personificado por el actor Dustin Hoffman en la película *Rainman.*

Anorexia nerviosa. La principal característica de este trastorno consiste en el rechazo contundente a mantener el peso corporal por encima de unos valores mínimos normales para una determinada edad y talla, un miedo intenso a ganar peso o a convertirse en una persona obesa, aun cuando se esté por debajo del peso considerado normal. Las personas que sufren este trastorno afirman que se encuentran gordas aunque estén en los huesos. Estas personas dejan de comer y hasta llegan a ocultar la comida o a arrojarla a la basura. Durante la enfermedad puede haber conductas compulsivas como lavarse las manos.

Normalmente comienza entre el principio y el final de la adolescencia y aparece de forma predominante en mujeres. El curso puede ser progresivo hasta la muerte, o más frecuentemente consistir en un episodio único con posterior recuperación del peso normal. En mujeres puede presentarse la ausencia de por lo menos tres ciclos menstruales consecutivos.

Diferentes estudios han observado una mayor frecuencia de Depresión y trastorno bipolar entre los familiares de primer grado de las personas con anorexia nerviosa. La pérdida de peso que presenta una persona con anorexia no debe ser confundida con la que se presenta en trastornos depresivos en los que no hay una alteración en el esquema corporal, ni miedo irracional a convertirse en un obeso. La persona con anorexia deja de comer, pero no es por pérdida del apetito.

Bulimia nerviosa. Este trastorno se caracteriza por episodios recurrentes de voracidad en los que la persona consume una gran cantidad de comida a gran velocidad en un espacio discreto de tiempo, sintiendo que no puede controlarse. Después puede presentar el vómito provocado, el empleo de fármacos laxantes y diuréticos, dietas estrictas, ayuno o ejercicio vigoroso para prevenir el aumento de peso. Tiene una preocupación persistente por la silueta y el peso.

Los episodios de voracidad pueden ser planificados. La comida consumida durante estos periodos a menudo posee un elevado contenido calórico, sabor dulce y una textura que facilita su rápida ingesta. Los alimentos suelen ingerirse de forma disimulada e incluso en secreto. El episodio de voracidad termina normalmente con malestar abdominal, sueño, interrupción de la vida social o provocación del vómito. El vómito alivia el dolor provocado por la distensión abdominal, permitiendo a la persona seguir comiendo. Estas personas hacen intentos repetidos para controlar su peso y presentan frecuentes oscilaciones de peso debido a la alternancia entre las comilonas y los ayunos.

Con frecuencia se observa un estado de ánimo deprimido y en algunas personas hay abuso o dependencia de sustancias psicoactivas; los tóxicos más empleados son los sedantes, las anfetaminas, la cocaína o el alcohol. Normalmente el trastorno comienza en la adolescencia o al principio de la vida adulta.

Algunos estudios han señalado la existencia de Depresión mayor entre los familiares de primer grado de las personas con bulimia nerviosa, en mayor frecuencia de la esperada. Sin embargo, esta enfermedad se diferencia de la Depresión porque el individuo muy rara vez resulta incapacitado.

Mutismo electivo. Este trastorno se presenta en la niñez y se caracteriza por un rechazo persistente a hablar en una o más situaciones sociales relevantes incluyendo la escuela, a pesar de tener la capacidad para hablar y comprender el lenguaje hablado. Este rechazo no es un síntoma de Depresión mayor. Podría confundirse porque puede observarse timidez excesiva, retraimiento y aislamiento social, rechazo escolar, rasgos compulsivos, negativismo, temperamento inestable y otras conductas de oposición, particularmente en casa. Sin embargo, no se presentan los demás síntomas de una Depresión.

Trastornos por ansiedad

Cuando a un paciente con Depresión no se le diagnostica correctamente y se le recetan ansiolíticos, éstos le van a complicar todavía más el cuadro depresivo. La Depresión a veces se acompaña de ansiedad. Es muy importante considerar las circunstancias en las que se dan los síntomas, porque si una persona se siente angustiada solamente cuando va rumbo a su trabajo, en el trabajo y al regresar del trabajo, pero se siente tranquila el fin de semana, esto nos revela un estrés interorganizacional de tipo laboral. Si una persona se siente mal en su casa durante todos los días pero se siente bien al cambiar de lugar e irse de vacaciones, podemos pensar que existe un estrés intrafamiliar. El enfermo depresivo, en cambio, va a estar ansioso en vacaciones, fuera de su casa, dentro de su casa o en el trabajo. Es muy fácil diferenciar clínicamente dónde se da el estado de ansiedad.

Muchas personas con ansiedad por estrés que consecuentemente no descansan tienen la necesidad de tomar café durante los días de trabajo en la oficina y llegan a consumir de 10 a

12 tazas de café al día. Lo primero que hace un ejecutivo típico en una oficina es tomar una taza de café. En las oficinas la cafetera llega a ser tan indispensable como pueden ser los lápices o un garrafón de agua. Pero ese mismo ejecutivo, cuando sale el fin de semana, deja de tomar café y se va a sentir mal, agotado, agobiado, sin ganas de ir a ninguna parte, irritable y, por supuesto, no va a tener ningún interés en tener relaciones sexuales. En este caso la situación es muy clara: se trata de un estrés organizacional que lo obliga a tomar café, y durante el fin de semana se ve afectado por el síndrome de privación de la cafeína. No hay deprimidos de fin de semana, lo que hay es adictos a la cafeína.

Una persona deprimida está *siempre* deprimida. La ansiedad a veces puede acompañar a la Depresión, pero no es un síntoma de la Depresión. En cambio, la persona ansiosa siempre está ansiosa aunque no esté deprimida. Existe un trastorno por angustia generalizada al que hoy en día se le llama neurosis de ansiedad. Cuando la ansiedad es el centro rector de la vida de un sujeto, éste es víctima de dicho trastorno. Alrededor de su angustia va construyendo un cerco de mecanismos de defensa que lo protejan de todo aquello que le causa temor o ansiedad. Pero ese cerco es como una muralla que se va estrechando cada vez más hasta que los mecanismos de defensa se agotan.

Hay estados de ansiedad que también están clasificados clínicamente de manera muy correcta. El primero de ellos nos interesa mucho porque puede llegar a ser una complicación de Depresión y es la sintomatología de urgencia más preocupante en psiquiatría: el ataque de pánico.

Ataque de pánico o crisis de angustia. La palabra *angustia* viene del latín *angor*, que significa angostura, estrechez, estrangular.

Un ataque de pánico por lo general dura minutos o más raramente horas. Se trata de un intenso estado de miedo sobre todo a un desastre. Las crisis, por lo menos al principio, son inesperadas, es decir, no se presentan inmediatamente ante un momento de exposición a una situación que casi siempre causa ansiedad.

Los ataques de pánico empiezan por lo general con la aparición repentina de aprehensión, miedo o terror intensos. A menudo existe la sensación o sentimiento de una catástrofe inminente.

El carácter inesperado de la crisis de angustia es un rasgo esencial de este trastorno, aunque más tarde, en el curso de la enfermedad, algunas situaciones pueden asociarse a las crisis de angustia. Estas situaciones lo único que hacen es aumentar la posibilidad de que se presente el ataque cuando la persona se encuentra en esa situación. En este tipo de situaciones, el individuo tiene miedo a sufrir una crisis de angustia, pero no está seguro de cuándo va a presentarse y ni siquiera sabe si realmente se presentará. Precisamente una característica esencial del ataque de pánico es que viene seguido, durante un periodo como mínimo de un mes, de preocupaciones persistentes por la posibilidad de padecer nuevas crisis de angustia y por sus posibles implicaciones o consecuencias.

Los individuos con trastornos de angustia acostumbran anticipar un desenlace catastrófico como resultado de síntomas físicos o efectos farmacológicos secundarios cuya importancia real es de carácter leve (por ejemplo, creer que un dolor de cabeza indica la presencia de un tumor cerebral).

Los principales síntomas de un ataque de pánico son:

- Palpitaciones, sacudidas del corazón o elevación de la frecuencia cardiaca.
- Sudoración.
- Temblores o sacudidas.
- Sensación de ahogo o falta de aliento.
- Sensación de atragantarse.

- Opresión o malestar torácico.
- Náuseas o molestias abdominales.
- Inestabilidad, mareo o desmayo.
- Desrealización (sensación de irrealidad) o despersonalización (estar separado de uno mismo).
- Miedo a perder el control o volverse loco.
- Miedo a morir.
- Parestesias (sensación de entumecimiento u hormigueo).
- Escalofríos o sofocaciones.

Lo que sabemos muchos psiquiatras es que el trastorno depresivo puede estar presente y como complicación puede darse una crisis de angustia o ataque de pánico. Los individuos con trastorno de angustia muestran una notable incidencia (de 50 a 65%) de trastorno depresivo mayor. Si en una persona que tiene ataques de pánico los médicos advertimos síntomas de un cuadro depresivo, el diagnóstico es de Depresión. En un tercio de las personas que presentan ambos trastornos, el trastorno de angustia coincide con o precede a la aparición de un trastorno depresivo mayor.

Agorafobia. En la mayoría de los casos de trastornos por angustia, el individuo desarrolla algunos síntomas de agorafobia. La agorafobia es el miedo a encontrarse en situaciones de las cuales pueda ser difícil escapar, que sean embarazosas o en las que no sería fácil obtener ayuda en caso de que la crisis se produjese.

Como resultado de este miedo empiezan a aparecer restricciones en la capacidad para desplazarse, o bien la necesidad de algún tipo de compañía siempre que se deba salir de casa. Las situaciones más frecuentes que se evitan son encontrarse fuera de casa, entre una multitud o haciendo cola, pasar por encima de un puente o viajar en autobús o en colectivo. El comportamiento de evitación de estas situaciones puede conducir a un deterioro de la capacidad para efectuar viajes de trabajo o para llevar a cabo las responsabilidades domésticas.

Fobia social. Existe también, como complicación de la Depresión, la fobia social. Aquellos que hemos vivido algún episodio depresivo empezamos a tener verdaderamente una fobia social, o sea, el temor a asistir a reuniones, entablar conversación con desconocidos o acudir a sitios por primera vez. El sentimiento de angustia que acompaña a esto es muy parecido al del ataque de pánico.

Esta fobia se caracteriza por el miedo persistente a una o más situaciones en las que el individuo se vea expuesto a un posible escrutinio por parte de los demás, junto con la presencia de miedo a hacer algo o a actuar de forma humillante o embarazosa. En cuanto el individuo se ve obligado a enfrentarse a una situación social se presenta una ansiedad anticipatoria muy notable y probablemente a partir de ahí se produce la evitación de estas situaciones. Por lo general, el sujeto teme también que los otros detecten los signos de su ansiedad y de esta forma puede ir generándose un círculo vicioso en el que el miedo irracional cree ansiedad, que a su vez altera el rendimiento, lo cual aumenta los deseos de evitar la situación fóbica. En general, el individuo reconoce que su miedo es excesivo o poco razonable.

Este trastorno, en general, no suele ser muy incapacitador. Sin embargo, el hecho de evitar las situaciones fóbicas puede dar lugar a una considerable cantidad de inconvenientes. Cuando la actividad social o laboral se encuentra gravemente alterada es posible que aparezca un trastorno depresivo como complicación. Son muy frecuentes aquellas fobias sociales que suponen miedo a hablar en público o las que suponen un miedo generalizado a la mayor parte de las situaciones sociales.

Fobias simples. Se caracterizan por el miedo persistente a un estímulo específico (objeto o situación) y son distintas del miedo a una crisis de angustia o a la humillación o embarazo en determinadas situaciones sociales. Las fobias simples algunas veces también se denominan fobias específicas. Las más comunes entre la población general suponen la fobia a los animales (zoofobia), sobre todo perros (cinofobia), serpientes, arañas (aracnofobia) y ratones (musofobia). Otras fobias simples serían el miedo a la sangre (hematofobia), a la muerte (tanatofobia), a los cadáveres (necrofobia), a los espacios cerrados (claustrofobia), a las alturas (acrofobia) y a algunas enfermedades como el cáncer (cancerofobia).

Una persona con una fobia simple, por ejemplo a los ratones, mostrará invariablemente una respuesta inmediata de ansiedad cuando se enfrenta a uno de estos animales; la respuesta puede ser de miedo intenso, sudoración, taquicardia y dificultades respiratorias.

El objeto de la situación tiende a evitarse o bien a resistirse a costa de una ansiedad intensa. El miedo y la conducta de evitación interfieren significativamente con la rutina normal del individuo. La persona reconoce que su miedo es excesivo o irrazonable.

Neurosis obsesivo-compulsiva. La conducta estereotipada del compulsivo va a neutralizar o calmar el malestar que la obsesión le ocasiona. Sin embargo, o bien la actividad que realiza compulsivamente no se halla directamente conectada de forma realista con aquello que se pretende neutralizar, o por lo menos es claramente excesiva. Si lo que se quiere prevenir es el contacto, será excesivo que un individuo se llegue a lavar las manos de cuatro a cinco veces en la misma ocasión. Tengo un paciente que es el clásico obsesivo-compulsivo. Después de dar la mano, siempre se la lava con alcohol.

Trastorno por estrés postraumático. En este trastorno puede haber síntomas muy parecidos a los de la Depresión y esto se ve muy frecuentemente en las personas que son víctimas de asalto o después de fenómenos naturales. En México después del terremoto vimos una cantidad impactante de trastornos postraumáticos. Se debe aclarar que lo que algunos llaman "desastres naturales" en realidad son fenómenos naturales, no desastres. Se convierten en desastres por la imprevisión de los seres humanos. En México tenemos un Consejo Nacional de Prevención de Desastres que en realidad no ha sabido cómo prevenir y proteger a la población de los fenómenos naturales. No previene un desastre por inundación, por falta de agua, por incendio, por terremoto, por una erupción seria del volcán, por una nevada, por una granizada o por contaminación ambiental. Todos los que hemos sido víctimas alguna vez, directa o indirectamente, de uno de estos fenómenos naturales que se convirtió en desastre hemos padecido el estrés postraumático.

En este caso sí aparecen los síntomas de la Depresión como el insomnio, la falta de energía, la incapacidad para concentrarse, el abatimiento y otros. Este trastorno aparece como reacción posterior a un fenómeno inesperado de carácter externo. Si al consultorio llega una persona con estrés postraumático, yo no puedo diagnosticarlo como depresivo porque conozco los síntomas. Le explico que efectivamente sé que se siente muy mal y que le voy a recetar antidepresivos pero que su problema no se llama Depresión, se llama estrés postraumático.

El acontecimiento traumático se reexperimenta persistentemente por medio de recuerdos desagradables, recurrentes e invasores de lo que sucedió, se tienen sueños desagradables sobre lo acontecido, conductas y sentimientos súbitos que aparecen como si el hecho traumático operara de nuevo, y un malestar psicológico intenso al exponerse a acontecimientos que simbolicen o recuerden algún aspecto del hecho traumático, como puede ser su aniversario.

El sujeto trata de evitar persistentemente los estímulos asociados con el trauma o muestra una falta de capacidad general de respuesta. Hace un esfuerzo para evitar los pensamientos o las sensaciones asociadas con el trauma; evita las actividades o situaciones que provocan el recuerdo; puede olvidar alguno de los aspectos importantes del trauma; o presentar una disminución marcada del interés en las actividades significativas; o tener una sensación de distanciamiento o de extrañamiento respecto a los demás y mostrar un afecto restringido; por ejemplo, incapacidad de experiencias amorosas. Es probable que tenga una sensación de acortamiento del futuro; no cree que vaya a estudiar una carrera o a vivir muchos años.

También puede presentar dificultad para conciliar o mantener el sueño, irritabilidad o explosiones de ira, dificultad para concentrarse, hipervigilancia, respuesta de alarma exagerada y tener reacciones físicas frente a la exposición a aquellos acontecimientos que simbolizan o recuerdan algún aspecto del hecho traumático; por ejemplo, una mujer que ha sido violada en un ascensor se pone a sudar cada vez que entra en uno.

Se considera que existe un trastorno por estrés postraumático cuando:

- La persona ha estado expuesta a un acontecimiento traumático inesperado en el que:
  - ha experimentado, presenciado o le han explicado uno o más acontecimientos caracterizados por muertes o amenazas a su integridad física o la de los demás.
  - ha respondido con un temor, una desesperanza o un horror intensos.
- El acontecimiento traumático es reexperimentado persistentemente a través de una o más de las siguientes formas:
  - recuerdos del acontecimiento recurrentes e intrusos que provocan malestar y en los que se incluyen imágenes, pensamientos o percepciones.
  - sueños recurrentes sobre el acontecimiento que producen malestar.

- el individuo tiene la sensación de que el acontecimiento traumático está ocurriendo actualmente.
- siente un malestar psicológico intenso al exponerse a estímulos internos o externos que simbolizan o recuerdan un aspecto del acontecimiento traumático.
- presenta respuestas fisiológicas al exponerse a estímulos internos o externos que simbolizan o recuerdan un aspecto del acontecimiento traumático.

- Evitación persistente de estímulos asociados al trauma y embotamiento de las reacciones en general del individuo que se traduce en:
  - esfuerzos para evitar pensamientos, sentimientos o conversaciones sobre el suceso traumático.
  - esfuerzos para evitar actividades, lugares o personas que motivan recuerdos del trauma.
  - incapacidad para recordar un aspecto importante del trauma.
  - reducción del interés por participar en actividades significativas.
  - sensación de desapego o enajenación frente a los demás.
  - restricción de la vida afectiva.
  - sensación de un futuro desolador (se muestra pesimista hacia el futuro).
- Síntomas persistentes de aumento de la activación (que no existían antes del trauma), como:
  - dificultades para conciliar o mantener el sueño.
  - irritabilidad o ataques de ira.
  - dificultad para concentrarse.
  - vigilancia excesiva.
  - respuestas exageradas de sobresalto.

Trastorno por ansiedad generalizada. La característica esencial de este trastorno es la ansiedad y la preocupación no realista o excesiva en forma de expectación sobre dos o más circunstancias vitales; por ejemplo, la preocupación por la posible desgracia de algún hijo que no está en peligro o una preocupación por asuntos económicos sin ninguna razón. Los síntomas de tensión motora que se observan en el trastorno por ansiedad generalizada incluyen temblor, contracciones, sacudidas, tensión y dolores musculares, inquietud y fatiga excesiva. También puede presentar falta de aliento o sensación de ahogo, palpitaciones o ritmo cardiaco acelerado, sudoración o boca seca, mareo o sensación de inestabilidad, náusea, diarrea u otros trastornos abdominales, sofocaciones, escalofríos, orinar frecuentemente, dificultades para tragar o experimentar la sensación de tener un *nudo en la garganta*.

El individuo se siente atrapado o al borde de un peligro, muestra una exageración de la respuesta de alarma, tiene dificultad para concentrarse y episodios en los cuales la mente se queda en blanco debido a la ansiedad, tiene dificultades para dormir o mantener el sueño y se pone irritable.

En este trastorno son frecuentes los síntomas depresivos leves.

Trastornos de la personalidad

Los rasgos de personalidad son pautas duraderas en la forma de percibir, pensar y relacionarse con el ambiente y con uno mismo, y se hacen patentes en una amplia gama de contextos personales y sociales. Sólo en el caso de que los rasgos de personalidad sean inflexibles y desadaptativos, causen una incapacitación funcional significativa o una perturbación subjetiva estaremos hablando de trastornos de la personalidad.

Los médicos tenemos que ser muy cuidadosos al hacer el diagnóstico de la Depresión ya que, en muchas ocasiones, primero surge como una complicación de otros trastornos psiquiátricos. El trastorno de la personalidad consiste en un uso exagerado de conductas, que pueden ser funcionales o disfuncionales, con el fin de obtener una *ganancia secundaria* al responsabilizar el individuo a todos y a todo de sus problemas.

En términos culturales o sociales, y sobre todo de unos años a la fecha, tener Depresión es muy aceptable porque ya no le dicen a uno que es histérico o neurótico. En el programa de radio recibimos muchas llamadas de personas que piden una consulta porque dicen categóricamente que tienen Depresión. Con ningún otro trastorno dicen lo mismo. Tener Depresión parece muy interesante y reconocer cualquier otro trastorno resulta vergonzoso. Tratándose de trastornos de la personalidad, la Depresión se ha convertido en la máscara favorita que las personas utilizan para ocultar la naturaleza de su trastorno.

Trastorno histriónico de la personalidad. Es el más frecuente de los imitadores de la Depresión. El paciente histriónico se caracteriza, como su nombre lo define, por llevar a cabo el acto teatral exagerado de manifestar algunas alteraciones de la conducta que lo convierten en un verdadero histriónico, o sea, en un actor. Histrión es el actor del teatro griego clásico que se representaba con las máscaras de la comedia y la tragedia. Curiosamente la máscara se llama persona: *peri*-alrededor de y *soma*-cuerpo; de ahí deriva la palabra personalidad. La persona histriónica ha definido un trastorno muy conocido al que por muchos años se le llamó histeria. También se pensaba que la histeria era exclusivamente femenina. Freud creyó que los trastornos provenían de fluidos del útero y que esto obligaba a las mujeres a representar una enfermedad de alteración de la conducta con la que llamaban la atención obteniendo, con esa actuación, lo que él llamó *ganancia secundaria*.

En la actualidad este trastorno es observable también en varones. El histrión se va acomodando a sus necesidades y a sus conocimientos de algunos síndromes o síntomas de la Depresión. Se le ha llamado *histeria de conversión* porque el enfermo o la enferma *convierte* su angustia en síntomas de alteración de la conducta. Cuando le decimos a alguien que está histérico nos referimos a que está dramatizando, pero en términos médicos la histeria de conversión se refiere a convertir la angustia en un síntoma.

Al principio, incluso la histeria de conversión fue el punto de partida para estudiar todo aquello que después se llamó medicina psicosomática, y se llegó a pensar en ésta como una rama de la medicina interna. Tanto en la medicina ortodoxa como en la psiquiatría se consideró que la medicina psicosomática iba a estudiar todos aquellos síntomas a los que la medicina ortodoxa no les encontraba explicación. Sin embargo, los psiquiatras dijeron que se trata de histeria de conversión solamente cuando el enfermo convierte su angustia en signos y síntomas que afectan los órganos de los sentidos o el aparato locomotor, es decir, la persona convierte su angustia en un estallido histérico o bien en algunos trastornos de los sentidos como el gusto o el olfato, o somáticos como las parestesias (sentir hormigueo en alguna parte del cuerpo) o los que afectan la locomoción sentir que una parte del cuerpo desaparece, crece o se hace pequeña, y la parálisis. Esto dejó nuevamente a la medicina interna todos los trastornos orgánicos neurovegetativos, es decir, los que tienen que ver con el sistema nervioso involuntario como son los trastornos del aparato digestivo de origen emocional: las colitis, las gastritis, etc.; algunos trastornos relacionados con el aparato reproductor femenino, como los síntomas premenstruales que actualmente se llaman trastornos disfóricos del final de la fase luteínica (la última fase del ciclo menstrual) cuando la producción de estrógenos es elevada; casi todos los trastornos de la piel y sus anexos, como las glándulas sebáceas, las uñas y el cabello; la neurodermatitis, las alopesias y otras que, en un principio, fueron consideradas enfermedades psicosomáticas.

En la actualidad, con los conocimientos de la bioquímica, el médico puede precisar cuándo el estrés o la Depresión son los causantes de este tipo de trastornos. Ya no se piensa que es la angustia sino el estrés o la Depresión lo que facilita la presencia de estas enfermedades.

En síntesis, un enfermo histérico a principios del siglo XX hubiera aparecido ante el médico como un individuo, hombre o mujer, con una conciencia alterada que determinaba consecuentemente un uso y abuso de síntomas de manera irregular. Hoy en día, los médicos psiquiatras nos enfrentamos a un dilema a veces difícil de explorar, que es el hecho de que muchos de los pacientes con trastorno histriónico han recurrido a signos y síntomas para imitar la enfermedad de la Depresión.

Los histriónicos acuden con mayor frecuencia al psicólogo o al psiquiatra y muchos han aprendido, a través del interrogatorio del médico o por lo que han leído o escuchado, que muchos de sus "síntomas" son atribuibles a la Depresión y los representan ante el médico, es decir, se aprenden muy bien el cuadro depresivo y lo representan. Obviamente, al no presentar el cuadro completamente correcto de la enfermedad, inmediatamente el médico puede darse cuenta de que no se trata de una Depresión al detectar error tras error en la descripción de los síntomas.

Un caso muy claro es el de una joven de origen libanés que llegó a mí con el diagnóstico de psicosis maníaco-depresiva o trastorno bipolar y que había presentado, después de un ingreso a un hospital por dosis excesiva de litio, una serie de complicaciones que obligaron a sus médicos a quitarle la medicación, tanto el litio como los antidepresivos. Esto ocasionó que la paciente permaneciera por muchos días acostada sin levantarse, sin bañarse y casi sin comer, excepto alimentos dulces como yogurt de sabores, cereales azucarados y helado de vainilla. El hecho de que sólo comiera ese tipo de alimentos empezó a ser sospechoso frente al diagnóstico de Depresión. La persona, además, se notaba baja de peso.

Al interrogar a la familia encontramos que ya había sido tratada anteriormente porque en alguna época fue diagnosticada como anoréxica sin serlo, como se demostró posteriormente con algunos exámenes. También se sospechó bulimia nerviosa y tampoco se pudo comprobar. En alguna otra ocasión agregó al cuadro la presencia de dolores de cabeza, sabemos que la cefalea tensional es la manifestación clínica más frecuente de la Depresión en cuanto a síntomas físicos. Esta paciente decía que tenía migrañas y que era precisamente por eso que permanecía muchos días encerrada en su habitación. Más tarde descubrimos, a través de la familia, que permanecía encerrada pasándose largas horas en conversación telefónica con galanes, siendo éste otro factor que despertó sospechas porque en un caso de Depresión la persona no quiere hablar con nadie o se quiere suicidar. En muchas ocasiones permanecía encerrada todo el día, pero se disponía a salir por la noche regresando a altas horas de la madrugada.

Esta paciente, de inteligencia brillante, había construido una alternancia en la conducta que sus padres intentaron remediar enviándola a vivir a otra ciudad, donde, curiosamente, no padecía dolores de cabeza, podía estar en actividad todo el día y además se bañaba y se arreglaba. Me di cuenta de que presentaba actitudes totalmente deliberadas, como hacerse daño en la piel para presentar marcas. Ese tipo de comportamientos, obviamente, hacen sospechar a un médico bien preparado, pero pueden pasar desapercibidos ante un psicólogo o terapeuta porque van siendo encasillados a fuerza en el cuadro de la Depresión.

En casos como éste vemos que, si bien algunas manifestaciones sí pueden coincidir con síntomas de Depresión, se trata del tipo de depresión que aparece como complicación de algún trastorno de la personalidad.

La persona con trastorno histriónico siempre busca atención exagerada con por lo menos cuatro de las siguientes características:

1. Busca o solicita apoyo, aprobación o alabanza constantemente.
2. Es sexualmente seductora de manera inapropiada en su apariencia o su conducta.
3. Está exclusivamente preocupada por su atractivo físico.
4. Expresa sus emociones con una exageración inapropiada.
5. Se encuentra incómoda en situaciones en las que no es el centro de atención.
6. Manifiesta cambios rápidos en la expresión de las emociones.
7. Está centrada en sí misma y sus acciones están dirigidas a obtener satisfacción inmediata. No tolera la frustración ni la demora de las gratificaciones.
8. Su lenguaje es generalizado y no incluye detalles.

Trastorno obsesivo-compulsivo. Se trata de otro trastorno de la personalidad que puede llevar a síntomas de Depresión. Las obsesiones son ideas, pensamientos, imágenes e impulsos recurrentes o absurdos no vividos como voluntarios sino como ideas que invaden la conciencia. Las obsesiones obligan a algunos seres humanos a actuar compulsivamente.

La compulsión es una conducta repetitiva y aparentemente dotada de propósito que es realizada en respuesta a una obsesión. La conducta no persigue un fin en sí misma, sino que está destinada a producir o prevenir un determinado estado de cosas; sin embargo, la actividad no está relacionada de un modo realista con el estado de cosas que ha de producir o prevenir, o puede ser claramente desproporcionada. Se lleva a cabo un acto que, siendo deliberado, es contra la voluntad, como puede ser el lavarse las manos a cada rato a pesar de que ya estén muy deterioradas por el jabón, porque se tiene la sensación de que al tocar cualquier cosa uno se pudo haber contaminado.

En la compulsión el ser humano se ve obligado a cometer un acto, por ejemplo: el que fuma a sabiendas de que no debe fumar o el que come compulsivamente sabiendo perfectamente que no debería seguir comiendo. Es tal su angustia que el individuo se ve obligado a cometer el acto, mismo que posteriormente podría convertirse en una adicción si se tratara de una sustancia adictiva. La comida o el juego de apuesta no son adictivos, sino compulsivos.

Cuando es tanta la tensión que provoca la angustia entre la obsesión y la compulsión, el ser humano que lo vive todos los segundos de sus días termina por estresarse tan severamente que el mundo circundante pierde todo interés y la realidad también, lo cual lleva a episodios depresivos.

El psiquiatra debe tomar en consideración, al interrogar a estas personas, que son pacientes cuya característica primordial es que cuando están hablando de sus obsesiones éstas tienen mayor relevancia que los episodios depresivos.

Existen todo tipo de obsesiones, como contar las líneas de los ladrillos, sumar las placas de los autos, caminar solamente por el lado izquierdo de la acera, persignarse antes de salir de la casa, caminar tres pasos hacia adelante y diez hacia atrás, dar tres vueltas a la manzana para llegar al trabajo, lavarse las manos después de saludar a alguien, etcétera.

La persona con trastorno obsesivo-compulsivo presenta una pauta de perfeccionamiento e inflexibilidad que se manifiesta con por lo menos cinco de las siguientes características:

1. Una perfección tal que le incapacita para ejecutar completamente una tarea.
2. Preocupación exagerada por los detalles, normas, listas y horarios.
3. Insistencia irrazonable en que los demás hagan las cosas

de acuerdo con sus ideas y un convencimiento de que no las harán correctamente.

4. Excesiva devoción al trabajo y la productividad que excluye amistades y actividades recreativas.
5. Indecisión: evita la toma de decisiones, las pospone o las delega.
6. Excesivos escrúpulos e inflexibilidad sobre materias de moral, ética o valores.
7. Expresión restringida de los afectos. Se muestra poco cariñoso.
8. Falta de generosidad cuando no hay posibilidades de obtener ganancia personal.
9. Incapacidad para desechar los objetos usados o inútiles.

En el episodio depresivo mayor, la constante preocupación sobre acontecimientos potencialmente fatales o sobre posibles acciones alternativas es una característica frecuente y se considera un aspecto de la Depresión congruente con el estado de ánimo más que un síntoma del trastorno obsesivo-compulsivo. Por ejemplo, un individuo deprimido que dedica todo el tiempo a pensar en lo inútil e insignificante que resulta su existencia no debe considerarse que tiene obsesiones.

Trastorno límite de la personalidad. Se trata del trastorno que más perfiles distintos puede tener para un psiquiatra o un psicoterapeuta. Es muy conocido en inglés como *borderline.* Casi siempre hay una notable y persistente alteración de la identidad. Se caracteriza por una pauta generalizada de inestabilidad en la vivencia de la propia imagen, en las relaciones interpersonales y en el estado de ánimo.

En este trastorno la depresión aparece utilizada y abusada. Éstos son pacientes con depresión aparente que se sienten mal de muchas cosas. Se presentan ante los médicos y la familia como personajes incomprendidos cuyo sufrimiento no es aceptado, pero no se les cree dado el barroquismo de sus síntomas. Van a ser expertos en torear terapeutas. Se llama *límite* porque la persona se encuentra precisamente en el límite entre la realidad y las obsesiones.

Las personas con este trastorno límite siempre tratan de manipular a los demás con el fin de obtener una ganancia secundaria, que es el hacer que el otro se sienta culpable y cuando no lo consiguen se comportan como histéricos o se deprimen.

Cuando uno como médico está tratando a una persona con trastorno límite nunca sabe quién va a entrar a consulta: si la deprimida, la histriónica, la maníaca o la psicosomática. Si la que se presenta es la deprimida, se corre el riesgo de confundir el cuadro con el de la Depresión. Aquí también la persona puede aprenderse los síntomas de Depresión y ejercerlos exageradamente con el fin de manipular a otros.

La persona con trastorno límite de la personalidad presenta una pauta generalizada de inestabilidad en el estado de ánimo, relaciones interpersonales y la autoimagen, lo que se manifiesta por al menos cinco de las siguientes características:

1. Relaciones interpersonales inestables e intensas, caracterizadas por alternativas extremistas entre la superidealización y la desvalorización.
2. Impulsividad al menos en dos áreas que pueden ser potencialmente peligrosas para el sujeto, como el despilfarro o conductas irresponsables.
3. Inestabilidad afectiva: cambios marcados desde el estado de ánimo normal a la depresión, la irritabilidad o la ansiedad.
4. Ira inapropiada e intensa, o falta de control de este impulso.
5. Amenazas, gestos o conductas automutilantes o suicidas repetidas.

Trastorno de la personalidad por evitación. Las personas con este trastorno están muy preocupadas de mantenerse lejos de los demás porque tienen un gran miedo a que se haga una evaluación negativa de su persona. Por este motivo tienden a evitar las actividades sociales o profesionales que supongan una relación interpersonal significativa. Terminan aislándose y sintiéndose mal por fracasar en conseguir la aceptación de los demás que, en el fondo, es lo que más desean. Éste es un trastorno que sí puede manifestarse desde la infancia.

Su aislamiento y malestar podrían ser interpretados como síntoma de Depresión; sin embargo, es claro que si se tratara de un cuadro verdaderamente depresivo, el individuo no tendría ningún interés por la aceptación de los demás.

La persona con trastorno de la personalidad por evitación se siente mal en el contexto social y tiene miedo a una evaluación negativa. Este temor se manifiesta con por lo menos cuatro de las siguientes características:

1. El sujeto es fácilmente herido por las críticas o la desaprobación.
2. Carece de amigos o confidentes íntimos (o sólo tiene uno), al margen de los parientes de primer grado.
3. Evita relacionarse con la gente, a no ser que esté seguro de ser bien aceptado.
4. Evita las actividades sociales o profesionales que supongan un contacto interpersonal significativo.
5. Se pone violento en situaciones sociales debido al temor a decir algo tonto o a ser incapaz de responder a alguna pregunta.
6. Tiene miedo a quedar en ridículo ante los demás por el hecho de sonrojarse, llorar o manifestar signos de ansiedad.
7. Exagera las dificultades potenciales, los peligros o los riesgos implícitos en cualquier actividad al margen de la rutina habitual.

Trastornos facticios. "Facticio" significa que no es real. Estos trastornos se caracterizan por síntomas físicos o psicológicos que se producen intencionalmente. Estos actos se basan en la habilidad del individuo para simular la enfermedad de tal manera que tiene pocas probabilidades de ser descubierto. Esta condición tiene una cualidad compulsiva en el sentido de que el individuo es incapaz de resistir esta conducta particular, incluso cuando conoce los peligros. Si bien estas conductas son deliberadas e intencionadas, no pueden ser controladas.

Los trastornos facticios deben diferenciarse de los actos de simulación, en los que el individuo produce también los síntomas intencionalmente, pero su objetivo es fácilmente reconocible, como en el caso del individuo que pretende estar enfermo para evitar estar presente en una situación desagradable. En los trastornos facticios existe una necesidad psicológica para asumir el papel de enfermo independientemente de las circunstancias ambientales.

La presentación de los síntomas puede ser inventada, autoinfligida o ser la exageración de un trastorno físico preexistente.

Los trastornos facticios se presentan por lo general con síntomas físicos o psicológicos. La forma crónica de trastorno facticio más conocida y más comentada es la que se conoce con el nombre de síndrome de Münchausen. En la forma crónica de este trastorno, la presentación por parte del individuo de los síntomas físicos facticios va asociada a hospitalizaciones múltiples. Casi la vida entera del sujeto consiste en intentar ingresar o permanecer en los hospitales. Todos los sistemas orgánicos son blancos potenciales y la presentación de los síntomas está determinada por los conocimientos médicos del individuo, por su sofisticación y por su imaginación.

La gente que presenta este trastorno por lo general explica su historia con un aire extraordinariamente dramático y suele dejarse llevar por una tendencia a mentir incontrolable y patológica.

Cuando los síntomas que presentan son de tipo psicológico, éstos empeoran cuando el individuo se halla consciente de que está siendo observado y entonces se queja de depresión y de ideas suicidas. Un episodio de Depresión grave es una de las condiciones que mejor saben representar. Estas personas suelen ser extremadamente sugestionables y admiten tener la mayor parte de síntomas adicionales que el médico le mencione. Es probable que den respuestas que van más allá de lo que se les está preguntando. Cuando son descubiertos, simplemente cambian de médico.

El individuo puede utilizar en secreto sustancias psicoactivas con el propósito de producir síntomas que sugieran un trastorno mental u orgánico. Así, puede utilizar estimulantes (anfetaminas o cocaína) para producir inquietud o insomnio, alucinógenos (LSD, mezcalina, THC) para inducir alteraciones del nivel de conciencia y de la percepción, analgésicos para inducir euforia e hipnóticos para inducir letargo.

Los trastornos facticios se suelen sobreponer a otro trastorno grave de la personalidad como los mencionados anteriormente. La diferencia se encuentra en la ganancia secundaria.

Es importante aclarar que ninguno de estos trastornos de la personalidad tiene que ver con una cuestión bioquímica, como en el caso de la verdadera Depresión. Lo que hacen las personas con trastornos de personalidad es caricaturizar y exagerar conductas normales. Un médico bien entrenado puede detectar los mecanismos engañosos que utilizan, como es el de la proyección. La proyección hace que el individuo vea sus propios defectos en los demás. Por ejemplo, una persona insegura puede creer que quien está con ella tiene un problema de inseguridad y se lo manifiesta, y una persona que se siente culpable ve culpa en los demás y hasta los acusa.

Una cuestión clave es la gran diferencia que hay entre una verdadera Depresión y estas otras entidades psiquiátricas, y ésta se encuentra precisamente en la ganancia secundaria que buscan todos estos trastornos de la personalidad.

Los enfermos con trastornos de la personalidad se sienten muy cómodos y completamente satisfechos con el diagnóstico de la Depresión. Se autoengañan con la afirmación de que sí tienen una Depresión. Sabemos que el autoengaño es uno de los recursos más extraordinarios de la mente humana para causar una tranquilidad de mentiras, una tranquilidad de ficción. Se sienten bien porque se les ha acusado toda la vida de estar locos o histéricos, de ser manipuladores, neuróticos y una serie de apelativos como raro, diferente, especial, etc. Contra esos adjetivos ellos pueden organizar dentro de su mente una defensa digna y decir: "No soy histérico ni neurótico, sino que soy depresivo". Claramente obtienen una ganancia secundaria.

Un psiquiatra mal entrenado o mal clínico o sin la experiencia debida puede diagnosticar Depresión. A estos pacientes se les puede ver hasta con una sonrisa de satisfacción, como diciendo: "Por fin estoy en el lugar indicado, el doctor me ha confirmado que sí tengo Depresión". Como el caso de los hipocondríacos, cualquiera diría que sí están enfermos. Salen del consultorio con su receta como con un diploma, una credencial o una patente, y se la muestran a todo mundo como diciendo: "Ya ven, sí tengo Depresión".

Ante estos casos, el psiquiatra entrenado se cuida primero que nada de dar un diagnóstico o dar una intención de diagnóstico. Si le digo a una persona que tiene un trastorno límite de la personalidad, no va a entender nada: ¿qué es eso? Probablemente lo busque en un libro y de inmediato va a escoger otra vez los síntomas que le convenga tener oficialmente. Seleccionan lo que quieren ser. No quieren tener neurosis, no quieren ser limítrofes porque eso tiene una cierta categoría que tiene ganancias secundarias. Quieren ser comprendidos y tolerados y que difícilmente alguien les diga: "tienes que cambiar", "si no cambias te abandono", "te quito la mesada" o "ya no te aguanto". Van a obtener tolerancia, comprensión y consideración.

El enfermo deprimido, contra lo que pudiera pensarse, es un enfermo que se siente mal de sentirse mal, pero no al estilo del paciente que tiene cáncer, quien por supuesto se tiene que sentir mal; y si se deprime por tener cáncer, pues está deprimido por tenerlo y hay una lógica en ello al igual que un diabético o un cardiópata. Pero cuando no se tiene un problema físico y padece de Depresión, el enfermo no sabe qué hacer con eso, se siente avergonzado, se siente pobre, tiene un gran malestar de saber que está deprimido y trata de ocultarlo, trata de reprimirlo, se siente avergonzado o apenado; ¿por qué?, porque uno de los síntomas de la Depresión son los sentimientos de culpa exagerados. El paciente deprimido siente y piensa: "¿Cómo es posible que no sea yo el de antes?", o "¿Por qué no tengo la voluntad o la fuerza para hacer lo que antes hacía muy bien?" o "¿Por qué no tengo ganas de hacer las cosas que me divertían con mi pareja?", y se siente terriblemente culpable de eso. Una persona, digamos, con un resfriado común que se tiene que quedar en cama dos días no se siente mal por eso es más, decide incluso: "Qué bien que tengo mi incapacidad y me voy a quedar dos o tres días sin ir a trabajar. No voy a salir, me voy a poner a ver películas"; es más, hasta solicita la incapacidad. El deprimido no, el enfermo deprimido piensa: "¿Cómo voy a pedir mi incapacidad?, ¿cómo voy a decir que no voy a trabajar porque estoy deprimido?"; entonces hace un esfuerzo terrible para ir a trabajar en esas condiciones, o ir a la escuela, o hacer sus labores cotidianas. El deprimido no asume que está enfermo, y si cree que está enfermo no lo dice, lo maneja o lo justifica de muchas otras formas. No está sintiéndose mal para obtener una ganancia y ésa es la gran diferencia.

El deprimido que ha pasado casi toda su vida con episodios depresivos o ha tenido un solo episodio depresivo, es decir, ha vivido deprimido, se percata de que tiene cuando menos dos características que no poseen los demás: él no tiene alegría de vivir y no sabe cómo vivir. Ni siquiera busca la alegría porque no la conoce, no sabe lo que es eso. Presenta diversas actitudes, por ejemplo: cuando va a rentar una película no elige una cómica sino más bien una dramática, escoge leer novelas tristes o se compra discos de música profundamente melancólica, como boleros o tangos. Hace estas cosas porque ésa es su identidad. Un deprimido ve a una persona feliz y piensa que es un frívolo o un irresponsable.

Hay niños que en la televisión buscan los programas de nota roja o de violencia intensa. Conozco varios casos de niños que se inclinan por cosas relacionadas con la muerte o con el vampirismo. Me llama mucho la atención que incluso hay cuentos de vampiros y de brujos ya muy elaborados. Estos niños, si uno los pone a dibujar, dibujan diablos, sangre, ojos llorando y casi siempre con carboncillo o con lápiz negro o gris. Éstas son características que revelan una personalidad que no está acorde, un talante afectivo que no está de acuerdo con el de los demás.

Un niño con Depresión o en un episodio depresivo mayor, si ve a alguien sonriendo, se siente muy mal. Por lo general los niños deprimidos se asustan con los payasos, les dan miedo, porque la risa para el niño depresivo es desconocida o por lo menos es desconocida la sensación que produce la risa y al estar caricaturizada así, en la forma de un payaso, le aterra.

El niño deprimido no gusta de las fiestas o no sabe qué hacer en una fiesta. En una piñata jamás se va a formar en la cola y no va a participar en los juegos o concursos. Si le hacen una fiesta sus papás se va a sentir el más horrible y tímido del mundo, se va a enojar y probablemente no quiera salir de su habitación.

La falta total de alegría no se puede ocultar. En cambio, una niña o un niño que, como *borderlines*, por imitación actúe como el niño deprimido va a estar encantado, porque va a obtener una ganancia secundaria que es llamar la atención y que todos se desvivan por hacerlo reír.

A un niño deprimido si le dicen en una reunión: "Ven a saludar y a darle un beso a tu abuelita", se mete debajo de la falda de la mamá o se esconde. Los otros niños van, saludan, le sacan el domingo o los 5 pesos a la abuela y luego se van encantados a jugar. El niño deprimido ni siquiera tiene el menor interés en ningún tipo de ganancia.

Algunas de estas conductas están presentes desde que el niño nace, pero no son fáciles de detectar. En muchas ocasiones aparece aparentemente por primera vez a los 5, 8 o hasta los 10 años. Pero con un buen interrogatorio y una buena disposición de los padres se puede ver que hubo signos desde mucho antes.

Algunos niños alternan entre periodos depresivos y periodos del tipo maníaco. Sus padres me dicen: "Este niño es muy raro porque haga de cuenta que está en un subibaja. Primero está muy contento y al otro día no quiere salir. No sabemos qué hacer con él, está muy irritable o llora por cualquier cosita".

El hecho más importante o crítico, para considerar que existe una Depresión, tanto para el clínico como para el familiar, es que el paciente con Depresión se siente mal de estar deprimido. No se siente mal por ninguna causa lógica, se siente mal de estar deprimido y no ser como los otros, incluso lo oculta. Cuando van al consultorio, los enfermos con Depresión no dicen que están deprimidos, sino que se *sienten mal* y no saben por qué. Me suelen decir: "No sé por qué estoy tan triste. Mire, yo tengo todo en la vida, todo lo que quiero, me ha ido muy bien, soy muy afortunado, muy triunfador y tengo una familia muy bonita, pero me siento mal y no sé por qué". Esto les avergüenza porque sienten que no es congruente su estado de ánimo con su situación, se sienten malagradecidos: "Dios me ha dado mucho, soy muy privilegiado, no tengo derecho a sentirme así".

En cambio, llega una histriónica o un limítrofe y están felices de que alguien les diga que tienen Depresión. Salen enseñando su receta como si fuera un diploma y parafraseando el epitafio al que aspira todo hipocondríaco: *¿No que no, cabrones?*

Un deprimido pregunta: "¿De veras cree usted que sea Depresión?, ¿a poco porque tengo Depresión es que no me puedo levantar en la mañana?, ¿no será que estoy perdiendo la memoria y tengo otra cosa?, ¿o que tengo algún problema en el cerebro?, ¿no será impotencia sexual por lo que he perdido el apetito sexual y no porque esté deprimido y están deprimidas todas mis facultades?, ¿de veras por eso no puedo dormir?"

Las personas con trastorno de la personalidad se sienten triunfantes tomando medicamentos y los muestran a todo mundo como confirmación de su enfermedad. Un enfermo depresivo muchas veces oculta el hecho de estar siendo medicado. Es muy común que las personas con tratamiento psiquiátrico de pronto suspendan los medicamentos. Esto ocurre porque la mayoría cree que es inútil, no aceptan que tienen una enfermedad clínica. Si yo les explico que tienen que tomar el medicamento dos o tres años les sorprende, cosa que no le pasaría a un diabético que tiene que tomar su medicamento de por vida, o a un cardiópata que tiene que tomar su antihipertensivo. El paciente con Depresión pregunta: "¿Por cuántos meses lo tengo que tomar?", y cuando le digo que al menos por dos años y luego iremos evaluando si todavía lo requieren, no lo puede creer. Se le explica que tiene un trastorno bioquímico heredado genéticamente, que no se le va a quitar y que lo que vamos a evitar son los periodos depresivos severos. Me han llegado a decir que cómo van a seguir gastando en el medicamento si ya se sienten bien. Siempre les digo que prefiero que me dejen de pagar la consulta, pero que no dejen de comprar su medicamento porque eso es lo que los mantiene con posibilidades de ser funcional. No entienden el riesgo que corren al suspenderlo.

Enfermedades físicas imitadoras de la Depresión

Existe un gran número de enfermedades que presentan muchos síntomas como los de la Depresión. Es muy grande el riesgo de emitir un diagnóstico de Depresión cuando, en realidad, detrás de los síntomas se esconde una enfermedad que puede ser grave y estar avanzando. Por esta razón el examen físico es indispensable para diferenciar entre una enfermedad psiquiátrica y una imitadora. El médico que recibe a un paciente con síntomas de Depresión deberá considerar la posibilidad de que detrás del cuadro depresivo puede ocultarse otra enfermedad y descartar cualquier posibilidad, ya que los síntomas de Depresión también aparecen como reacción a un enfermedad grave o después de eventos como una cirugía mayor.

Para el médico es muy importante conocer no sólo todos los síntomas psicológicos y físicos del paciente, sino también la historia familiar en donde puede encontrar la predisposición genética del paciente a ciertas enfermedades. En el caso de Depresión, también es muy importante la observación de los cambios de conducta del paciente por parte de los familiares cercanos.

Muchas enfermedades físicas, sobre todo las graves, provocan una gran tensión emocional y, por otro lado, también hay enfermedades que pueden aparecer como resultado directo de la Depresión ya que ésta debilita el sistema inmunológico; sin embargo, el tratamiento de la enfermedad física no solucionará la depresión subyacente.

También es posible que una enfermedad física y una psiquiátrica coexistan sin relación mutua. En este caso las dos deberán ser diagnosticadas y tratadas.

Cáncer. En una gran cantidad de enfermedades, los síntomas psiquiátricos suelen ser los primeros en aparecer y muchas veces los únicos, mientras la enfermedad se desarrolla. Esto se ve en muchos casos de cáncer en los que el paciente ha presentado síntomas de Depresión meses antes de que un tumor le sea detectado. El cáncer también se acompaña de fatiga crónica. Cuando una enfermedad como ésta empieza a desarrollarse altera la química del organismo afectando el cerebro antes que ningún otro órgano. El cáncer de páncreas, por ejemplo, produce síntomas de Depresión grave.

Los tumores carcinoides secretan sustancias como la serotonina, que juega un papel importante en la Depresión, y pueden pasar meses desarrollándose antes de que empiecen a dar molestias físicas considerables. Cuando a una persona se le detecta un tumor de cáncer, es obvio que no apareció en ese momento, seguramente llevaba semanas y hasta meses creciendo sin causarle molestias físicas. Pero durante ese tiempo, es probable que se hayan presentado síntomas de Depresión. Sabemos de un hombre que acudió al psiquiatra porque estaba muy deprimido, había perdido su trabajo y estaba seguro de que esto era la causa de su depresión. Aunque relató tener ciertas molestias en el colon, el médico pensó que se debían a la tensión y al estrés. Empezó a tomar antidepresivos y a los cuatro meses, aunque ya tenía trabajo, trató de suicidarse con pastillas y fue hospitalizado para lavarle el estómago. Tuvo una cierta recuperación y cinco meses después, cuando sus molestias del colon ya se habían convertido en dolores, se descubrió que tenía un tumor de cáncer en el colon, que ya se había extendido a otros órganos y no se podía operar.

Los tumores de cáncer en el sistema nervioso central, especialmente en el cerebro, son los que más probablemente presentarán síntomas tempranos de depresión, aunque el síntoma más inmediato es un cambio abrupto de personalidad.

Enfermedades cardiacas. Una baja en la presión sanguínea puede provocar debilidad; sin embargo, la presión es fácil de medir.

La Depresión puede ser también una de las primeras señales de un inminente ataque cardiaco. La tristeza, la culpabilidad y el insomnio o la pérdida de peso aparecen en una persona con un infarto al miocardio reciente.

Muchas enfermedades endocrinas son grandes imitadoras de la Depresión. Todas las glándulas secretan hormonas que pasan al torrente sanguíneo, siendo las reguladoras químicas del cuerpo. Cualquier desequilibrio de las glándulas endocrinas, por muy leve que sea, puede tener un efecto de reacción en cadena y causar diversos grados de depresión. Entre las enfermedades endocrinas que se presentan con síntomas iguales a los de la Depresión encontramos hipertiroidismo, hipotiroidismo, síndrome adrenogenital, enfermedad de Cushing, enfermedad de Addison e hipoglucemia.

Hipertiroidismo. Es el imitador más común de la Depresión y presenta síntomas tan similares que es casi imposible de distinguir de una Depresión mayor. Cualquier tensión grave continua puede provocar un agotamiento de la tiroides que desemboque en un hipertiroidismo (producción excesiva de tiroxina). Los ritmos del metabolismo se aceleran y el individuo se puede mostrar tan activo que nos dé la impresión de estar teniendo un episodio maníaco. Puede comer excesivamente y, sin embargo, perder peso considerablemente. El sueño se vuelve ligero e inquieto y no se necesita dormir mucho. El sujeto se mueve de prisa, es impaciente y le resulta difícil estarse quieto. También se mantiene muy alerta.

Todas estas alteraciones de conducta bien pueden confundirse con un episodio maníaco. Pero descartar un mal funcionamiento de la tiroides es relativamente sencillo para el médico a través de un análisis de la glándula.

Hipotiroidismo. Al contrario de lo que ocurre en el hipertiroidismo, aquí hay una disminución de la tiroxina, lo cual aminora el ritmo de todo el metabolismo. Hay un sentimiento general de cansancio y falta de energía. Otro síntoma importante es la pérdida de memoria, que puede ser el primer síntoma emocional y más notorio, incluso antes de que aparezcan los otros síntomas depresivos.

Sin embargo, la presencia de otros síntomas puede señalar que se trata de un mal funcionamiento de la tiroides y no de una Depresión. Entre estos síntomas encontramos el bocio, la intolerancia al frío, pelo quebradizo, pérdida de cejas, piel engrosada y seca, bradicardia, mucosas resecas, insuficiencia cardiaca y reflejos atenuados. La falta de insomnio puede ser un indicador importante para descartar una Depresión.

Síndrome adrenogenital. Este desequilibrio hormonal presenta uno de los estados depresivos más profundos. Pero sus síntomas son inconfundibles porque presentan una masculinización exagerada en los dos géneros, como es un aumento en el vello corporal, crecimiento muscular y la voz se vuelve más ronca.

Enfermedad de Cushing. Esta enfermedad presenta también un debilitamiento muscular. La persona engorda hasta la obesidad, pero, de modo extraño, las piernas y brazos no engordan. Puede presentarse un exceso de vello. La persona puede sentir síntomas de Depresión, pero la enfermedad es muy obvia. Sin embargo, al ser tratada con tratamientos hormonales, éstos también pueden presentar efectos secundarios similares a una Depresión.

Enfermedad de Addison. Se trata de un mal crónico provocado por una deficiencia de las glándulas suprarrenales. Se caracteriza porque causa debilidad y fatiga extremas. Desaparece el apetito y la persona adelgaza. Disminuye la presión sanguínea, por lo que puede haber periodos de mareo y de vértigo. A pesar de los síntomas depresivos hay señales claras de que no se trata de una Depresión, una de las cuales puede ser un notorio oscurecimiento de la piel y especialmente de los lunares.

Hipoglucemia. Esta enfermedad puede provocar una conducta extraña, en apariencia imposible de distinguir de una Depresión, un ataque de ansiedad o una esquizofrenia. Presenta síntomas como debilidad, mareos, dolores de cabeza y alteraciones de la personalidad. Durante una época estuvo muy de moda diagnosticar hipoglucemia, especialmente en las mujeres. Actualmente existen normas muy estrictas para su diagnóstico seguro. La hipoglucemia puede tener muchas causas como una sobredosis de insulina en los diabéticos o acompañar a enfermedades como la de Addison.

Diabetes. Es básicamente un estado que se debe a que el organismo no puede almacenar azúcar. Esto ocurre porque el páncreas deja de producir insulina. El azúcar se acumula en la sangre y esto obstaculiza el metabolismo carbohidrático. La falta de insulina produce una depresión leve, pero que no va acompañada de los notorios desequilibrios que presenta la Depresión clínica.

Algunas enfermedades infecciosas como la neumonía viral se acompañan de depresión. La tuberculosis puede mostrar signos de irritabilidad o apatía en las primeras etapas y posteriormente excitación e hipomanía. Pero los otros síntomas de estas enfermedades son demasiado escandalosos para que se confundan con una Depresión. Entre las imitadoras infecciosas que más pueden confundir se encuentran la hepatitis infecciosa y la mononucleosis.

Hepatitis infecciosa. Las infecciones del hígado pueden ser desde muy leves a muy graves. Si bien los síntomas varían, suelen comenzar con pérdida del apetito, malestar, náuseas y vómitos. También es común que la persona se sienta sin fuerzas y puede presentar síntomas mentales que van desde un leve letargo hasta una psicosis franca. Ha habido casos de suicidio después de la hepatitis. Sin embargo, la hepatitis es una enfermedad común en todo el mundo que presenta otros síntomas muy claros que la distinguen de la Depresión, como es el tono amarillo en la piel y los ojos (ictericia). Esta enfermedad es fácil de diagnosticar con pruebas de laboratorio.

Mononucleosis infecciosa. Esta enfermedad suele presentarse con depresión y aparece, sobre todo, entre los adolescentes y los adultos jóvenes. Es causada por un virus llamado Eptein-Barr. Puede afectar muchos órganos, dificultando el diagnóstico y frecuentemente se confunde con Depresión por los notorios signos de abatimiento.

Muchos jóvenes no buscan ayuda médica cuando los síntomas son depresión y cansancio. Es común que se culpe a la adolescencia de síntomas como la falta de ánimo o las alteraciones de conducta. Este virus puede ser detectado en una prueba de laboratorio.

Algunos trastornos que afectan el sistema inmunológico pueden ser confundidos fácilmente con Depresión, como en el caso del lupus eritematoso y el sida.

Lupus eritomatoso sistémico. Esta enfermedad afecta mayormente a mujeres jóvenes, aunque puede aparecer a cualquier edad. Se trata de una enfermedad crónica que puede afectar varios sistemas orgánicos. El lupus puede imitar cualquier tipo de trastorno psiquiátrico como la Depresión. Sin embargo, presenta otros síntomas, como dolor en las articulaciones y propensión a las infecciones.

Sida. Entre las personas portadoras del virus que desarrollan la enfermedad es muy común observar la pérdida de peso y la fatiga. Sin embargo, el enfermo está expuesto a cualquier infección o algún tipo de cáncer que, al estar el sistema inmunológico deprimido, se desarrollarán a gran velocidad. Desgraciadamente, la ciencia aún no ha encontrado remedio para esta enfermedad que cobra cada día más vidas. Aparentemente una persona portadora del virus que anteriormente padecía de Depresión tiene altas probabilidades de desarrollar la enfermedad.

Las enfermedades imitadoras del sistema nervioso central que se presentan con síntomas de Depresión son la narcolepsia, epilepsia, convulsiones parciales complejas, hidrocefalia con presión normal, corea de Huntington, esclerosis múltiple, enfermedad de Pick y tumores.

Las infecciones cerebrales pueden provocar un confuso conjunto de síntomas psiquiátricos, como son la encefalitis viral, la epilepsia y la enfermedad de Parkinson.

También la reacción al consumo de algunas drogas, legales o ilegales, puede presentarse con los síntomas de un cuadro depresivo o maníaco, siendo esta condición una de las imitadoras más frecuentes. Las drogas cuyo efecto imita a la Depresión grave o al trastorno bipolar son PCP, tolueno, mariguana, anfetaminas, cocaína, sedantes, hipnóticos, heroína y metadona.

Fatiga crónica. La fatiga crónica puede ser una señal de Depresión. Sin embargo, cuando se presenta sin los otros síntomas claros puede tratarse de otro trastorno. Son muchas las enfermedades en las que se presenta la fatiga y éstas pueden ser físicas o mentales. Para elaborar un diagnóstico correcto, el médico deberá analizar un cuadro mucho más amplio del estado del paciente para detectar el posible desarrollo de una enfermedad grave.

Estrés. Es común que, al no poder explicar las causas en los cambios del estado de ánimo de un enfermo con Depresión, especialmente con un trastorno bipolar, se diga que es víctima del estrés, el cual nada tiene que ver con la Depresión.

Se sabe que recientes cambios sociales están asociados con alteraciones en patrones de enfermedad entre las mujeres. El término estrés, a pesar de su popularidad en la literatura profesional, tiene relativamente poco valor para el científico, debido a que no puede definirse en forma satisfactoria. Lo que puede ser estrés para un individuo puede ser placentero para otro o, en forma alternativa, puede tener poca importancia. El estrés se ha encontrado implicado con mayor frecuencia en una diversidad de trastornos físicos o emocionales, o en quejas que habitualmente se encuentran relacionadas con cambiantes exigencias sociales u ocupacionales.

No es necesariamente la naturaleza del trabajo la que impone el estrés y sus consecuentes riesgos para la salud, sino también la percepción del individuo sobre el estado y la importancia social de su ocupación y su compatibilidad o incompatibilidad con sus propias metas, talentos y personalidad.

Se sabe que el estrés juega un papel importante en el desarrollo y curso de casi cualquier padecimiento, desde artritis y migraña hasta herpes y cáncer. Quizá la mayor preocupación para cambiar las tendencias de la enfermedad se centra en la creciente frecuencia de ataques cardiacos en mujeres.

Algunos estudios sugieren que las mujeres que trabajan no corren más riesgos de ataque cardiaco que las amas de casa. Sin embargo, hay un incremento de 100% en los ataques cardiacos entre trabajadoras, tales como secretarias, mecanógrafas, vendedoras, bibliotecarias y amas de casa. El denominador común aquí parece ser que la mujer que trabaja en una oficina se encuentra en una situación en la que no puede expresar enojo o emociones tales como hostilidad. Literalmente, no puede ventilar su resentimiento y es probable que trabaje para jefes que no dan apoyo o muestras de aprecio, que proporcionan poco reconocimiento o no recompensan un trabajo bien hecho durante varios años de servicio. Las mujeres en tales trabajos, que también tienen familias numerosas, parecen tener riesgos aún mayores.

Además de su generación por eventos de cambio de vida y estímulos nocivos, el estrés también puede ser autogenerado.

Muchas personas que están bajo estrés grave tienen una vida larga, saludable y productiva. El análisis de tales personalidades resistentes al estrés revela que tienden a ser creativas, a tener fuertes compromisos con lo que hacen y que disfrutan al responder a desafíos.

En los padecimientos relacionados con estrés, puede ser mucho más importante identificar al tipo de paciente que presenta la enfermedad que identificar el tipo de enfermedad que presenta el paciente.

Duelo o estrés postraumático. Cuando un evento nos toma por sorpresa se da lo que llamamos estrés postraumático y es lo que antecede al duelo. Por ejemplo, imaginemos el caso de una señora que se encuentra en un matrimonio funcional en el que hay dos hijos y aparentemente todo funciona muy bien. La señora de pronto descubre que su esposo es un violador y que ha abusado de sus dos niños pequeños.

Ella no estaba realmente preocupada por nada y mucho menos de que un evento de esta naturaleza sucediera en su casa. El asunto la toma realmente por sorpresa abruptamente descubre que sus hijos son víctimas de abuso por parte del padre, un incesto.

Al principio pasa por un estado de incredibilidad, una especie de shock que puede durar varias horas o varios días antes de poder digerir una noticia como ésta. Ante esta situación, el sentimiento o sensación física que se genera es casi igual al que se genera cuando hay un terremoto que no estábamos esperando. Hay una sensación súbita de pérdida de la seguridad. Aquello que nos habíamos propuesto construir durante toda una vida para nuestro resguardo, protección y seguridad como son cuatro paredes y un techo que nos protejan bien de una serie de circunstancias que van desde cambios de temperatura hasta la seguridad misma, en el instante en el que sobreviene un terremoto, esas cuatro paredes y el techo se convierten, en segundos, en aquello que nos puede ocasionar la muerte. O sea, el marco de seguridad se invierte y aquello que construí para mi protección está a punto de desplomarse sobre nuestra cabeza y amenaza con matarnos.

Hago la comparación, y para muchos esto no deja de ser real en un sentido, porque el marco de seguridad personal es la familia; ésta se construye, se firma un contrato en el que uno decide unir los propios recursos, intereses y participación para tener una familia. En este caso la familia ya parecía construida y de pronto la señora se entera de que su marido es un violador de sus propios hijos. La noticia es muy impactante y, al igual que en un temblor, más que noticia es un hecho. Lo que se pierde de inmediato es el marco de seguridad con el cual uno está acostumbrado a vivir. Estamos acostumbrados a vivir con un margen de seguridad. Si se ve amenazado sufrimos estrés postraumático; si lo perdemos pasaremos al duelo.

Cuando ha pasado el temblor y la casa resistió, independientemente de que quede el estrés postraumático, ya no se pasa al duelo. Si la casa no resistió hay un duelo, independientemente de que no les pase nada a los hijos o a la familia. Pero si se cae la casa y además los hijos fallecieron o la mamá o alguien más, entonces hay un duelo mayor. La noticia causa estrés postraumático y la consecuencia necesariamente es el duelo.

3

Tratamiento y recuperación

El trastorno afectivo bipolar debe ser atendido, antes que nada, por un médico psiquiatra. Todos los medicamentos indicados para su tratamiento deberán ser recetados y supervisados por él mismo. En este padecimiento, la automedicación es altamente riesgosa. Por tal razón, en este libro no se mencionan los nombres ni marcas de los medicamentos y recomendamos que, aunque existan farmacias que ilegalmente vendan medicamentos sin receta médica, no se adquieran ni se suministren. Es frecuente que, para no acudir al médico, la gente escuche consejos como: "Dale esta medicina; a mi hermana le quitó la Depresión". Hacer caso es muy peligroso cuando se trata de medicamentos psiquiátricos. Un fármaco mal recetado puede empeorar el cuadro y exacerbar la enfermedad. Además, se trata de un padecimiento muy variable, que puede cambiar incluso en un mismo paciente. El psiquiatra debe estar dispuesto a cambiar el procedimiento para amoldarse a las variaciones y cambios que experimenta el paciente.

Medicación

El tratamiento de este trastorno con medicamentos tiene dos fases: la fase aguda, que está dirigida a terminar el episodio maníaco, hipomaníaco, depresivo o mixto del momento; y la fase preventiva, en la que el medicamento se continúa a largo plazo para evitar la recurrencia de futuros episodios, siendo éste el tratamiento más definitivo.

Hay dos tipos de fármacos que se utilizan primordialmente para controlar los síntomas del trastorno bipolar: los estabilizadores de ánimo y los antidepresivos. En casos específicos, también se prescriben otros fármacos para ayudar con el insomnio, la ansiedad, la inquietud o síntomas psicóticos.

Estabilizadores de ánimo

Los estabilizadores de ánimo se utilizan para disminuir los síntomas durante episodios maníacos agudos, hipomaníacos y mixtos. Se usan también en el tratamiento preventivo a largo plazo tanto para la Manía como para la Depresión. Existen varios tipos de estabilizadores del estado de ánimo. Cada uno posee diferentes acciones químicas en el cuerpo. Cuando el médico no consigue la respuesta terapéutica esperada o cuando el paciente tiene efectos secundarios persistentes, es probable que se sugiera otro, o dos medicamentos combinados en dosis que el individuo puede manejar.

Los fármacos que más se utilizan para el tratamiento de un episodio maníaco agudo son el carbonato de litio y el divalproato de sodio, dependiendo del subtipo de trastorno bipolar de que se trate, de la intensidad de los síntomas y del historial del paciente. El tratamiento agudo con estos medicamentos ayuda generalmente en forma significante a las pocas semanas. Sin embargo, si el primer medicamento no funciona favorablemente, el médico puede cambiarlo o combinarlo con otros.

Medicamentos adicionales para un episodio maníaco

Durante un episodio maníaco, el médico puede recetar adicionalmente medicamentos como un ansiolítico para el insomnio y/o un antipsicótico para la agitación mental o física. Éste es de gran ayuda cuando el paciente tiene alucinaciones. Estos medicamentos pueden ser necesarios mientras los estabilizadores del estado de ánimo hacen un efecto completo, lo cual puede tomar algunas semanas. Mientras el paciente se recupera, las dosis de estas medicinas son generalmente disminuidas y es probable que sean descontinuadas en unas semanas o meses. Ambos fármacos pueden provocar sueño como un efecto secundario. Los antipsicóticos pueden también provocar rigidez de los músculos o inquietud. Cualquier efecto secundario debe ser reportado al médico, quien ajustará la dosis o cambiará la prescripción.

Medicamentos antidepresivos

En el trastorno bipolar, los antidepresivos se utilizan junto con un estabilizador de ánimo. En muchos casos los estabilizadores de ánimo, especialmente el litio, pueden sacar al paciente del episodio depresivo; sin embargo, a veces es necesario añadir un medicamento antidepresivo. Los fármacos antidepresivos suelen tomar varias semanas para comenzar a mostrar efectos completos. No hay que esperar una mejora inmediata. Aquí también, si el primer medicamento elegido por el médico no presenta efectos favorables o provoca efectos secundarios, éste intentará con otro. En ocasiones hay que intentar con dos o tres antidepresivos diferentes antes de encontrar el correcto para un paciente. Mientras el antidepresivo hace efecto, el médico puede prescribir un sedante para atenuar algunos síntomas. Una vez superado el episodio depresivo, el médico decidirá si se debe disminuir la dosis lentamente.

Muchas clases de antidepresivos están disponibles con diferentes mecanismos químicos de acción. Todos pueden ser efectivos, pero el médico elegirá el más adecuado para cada paciente de acuerdo con su historia clínica.

El medicamento preventivo

Aproximadamente 30% de los pacientes con trastorno bipolar que toman de por vida estabilizadores de ánimo como tratamiento preventivo se encuentran completamente libres de síntomas. El resto siente una gran reducción en la frecuencia y en la severidad de cada episodio. En estos casos, se debe informar al médico de la aparición de los primeros síntomas para que éste ajuste el medicamento y pueda restaurar cuanto antes el estado de ánimo normal en el paciente. Estos ajustes suelen ser rutinarios en el tratamiento del trastorno bipolar.

Después de haber presentado un solo episodio, el diagnóstico puede ser incierto y es posible reducir lentamente el medicamento después de casi un año, a menos que se tenga una historia familiar fuerte, o si el episodio fue muy severo. En estos casos y cuando se han tenido dos o más episodios maníacos o depresivos, se recomienda tomar el medicamento de prevención indefinidamente.

Insistimos en que el medicamento debe tomarse tal como se prescribió y no dejarlo ni reducirlo, aun cuando el paciente se haya sentido bien por mucho tiempo. En un elevado porcentaje de pacientes, la pobre respuesta al litio se debe a una falta de constancia en el seguimiento del tratamiento. Cuando se detiene el medicamento, probablemente no se presente un episodio agudo de inmediato, pero con el tiempo puede tener una recaída severa. Los fármacos no curan este trastorno, sino sólo controlan los síntomas. No importa cuántos años lleve un paciente sintiéndose bien, el tratamiento no debe suspenderse. En caso de presentar efectos secundarios, sólo el médico podrá indicar una lenta reducción de la dosis o un cambio en la prescripción.

El carbonato de litio es el medicamento que más se utiliza en el tratamiento preventivo; sin embargo, es de uso delicado. Su correcta administración requiere la supervisión del nivel del mismo en la sangre, para lo cual se llevan a cabo análisis sanguíneos frecuentes. Cuando el nivel de litio es demasiado bajo en la sangre del paciente, los síntomas no estarán bajo control. Por otro lado, si es demasiado alto, se corre el riesgo de provocar una condición tóxica que puede resultar muy peligrosa.

También existe un grupo de pacientes a los cuales no se les puede suministrar litio, como son aquellos con problemas de riñón o corazón, los que hayan tomado thiazida y diuréticos para la tensión alta, los que tengan un cuadro clínico de debilidad severa y los que requieren una dieta baja en sodio. En estos casos se elige un estabilizador de ánimo de otro tipo. Para quienes tienen problemas de hígado, es recomendable que no tomen litio o hacerlo en su medida más baja. Los efectos secundarios de la ingesta de litio en estos pacientes suelen ser un aumento de la producción de orina y una sed excesiva, también aumento de peso, hipotiroidismo, incremento de glóbulos blancos en la sangre y manchas en la piel.

Generalmente, los efectos secundarios del litio en las primeras semanas del tratamiento son náuseas, pérdida de apetito y diarrea suave. Dichos síntomas suelen reducirse con el paso del tiempo. También se pueden experimentar mareos y un leve temblor de las manos. Si éstos son severos, se suministra otro medicamento para controlarlos. Cuando la concentración de litio en la sangre es excesiva, pueden aparecer problemas más graves. Las náuseas pueden ser severas y es probable que aparezcan vómitos, diarrea, pesadez, vértigo, espasmos musculares y un ritmo cardiaco irregular. La presencia de cualquiera de estos síntomas requiere una consulta con el médico para revisar los niveles de litio.

Cuando se está bajo un tratamiento con litio no se deben tomar otros fármacos sin la supervisión del médico psiquiatra que lo ha recetado. Esto es muy importante ya que el litio interactúa con muchas sustancias, como son algunos analgésicos, antihipertensivos, antiinflamatorios, bloqueadores de los canales de calcio, diuréticos, relajantes musculares, neurolépticos, antidepresivos tricíclicos, inhibidores MAO y otros fármacos. Lo mismo ocurre con la mariguana y la cafeína. En caso de acudir a otro médico o a una sala de urgencias por algún padecimiento diferente, o si se va a someter a una intervención quirúrgica, el paciente deberá informar que se encuentra bajo tratamiento de litio y debe consultar con su psiquiatra los posibles efectos secundarios de cualquier otro fármaco que se le prescriba. Muchos consumidores de litio portan una placa que lo indica para que se sepa en caso de una emergencia en la cual pierda la conciencia.

El paciente consumidor de litio debe ser muy disciplinado en cuanto a tomar su medicación tal como ha sido prescrita por el médico. Jamás debe sustituir una dosis anterior no consumida por el doble de dosis en la siguiente, ya que eso produciría un nivel de litio en la sangre peligrosamente alto. También deberá avisar a su médico de cualquier variación significativa en el peso o la dieta. Si planea iniciar una dieta para bajar de peso, es importante discutirla antes con el médico ya que podría afectar drásticamente los niveles de litio en sangre. También es necesario informar al médico sobre cualquier cambio en la frecuencia de orinar, pérdida de fluidos por diarrea, vómitos, sudoración excesiva u otro padecimiento físico. Las mujeres que planean embarazarse deberán consultarlo antes con el médico.

Cuando un paciente deja de tomar litio, además del riesgo de volver a presentar episodios severos, puede experimentar sensaciones de ansiedad, tensión, palpitaciones, náuseas, diarrea, fatiga y jaquecas.

Cuando se inicia un tratamiento con litio, éste puede llevar una cantidad considerable de tiempo para que haga efecto sobre el trastorno. Es importante que el paciente esté consciente de esto para que no se desanime y continúe tomando el medicamento. De todos modos, debe avisar sin falta a su médico de cualquier cambio o recurrencia en la Manía o la Depresión, quien decidirá si es necesario aumentar la dosis o prescribir un fármaco adicional.

Terapia electroconvulsiva

El cine de Hollywood le ha dado mala fama a la terapia electroconvulsiva (TEC) al grado de que mucha gente cree erróneamente que se trata de "freír el cerebro"; sin embargo, se trata de un tratamiento seguro y efectivo para la Depresión psicótica. En casos de embarazo es más segura que el tratamiento con drogas. Se utiliza también cuando el paciente se encuentra seriamente enfermo y no puede esperar a que las medicinas hagan efecto o cuando se han tenido varios fracasos con medicamentos antidepresivos. Como todos los tratamientos, el TEC puede tener efectos secundarios, como un desajuste de la memoria a corto plazo.

La terapia electroconvulsiva se utiliza en pacientes que sufren de desórdenes severos que potencialmente ponen en peligro su vida. El procedimiento se lleva a cabo bajo anestesia general y se administra al paciente un relajante muscular para prevenir movimientos y asegurar que sólo se dé una contracción mínima de los músculos. El tratamiento consta de dos a tres sesiones por semana, durante varias semanas, suministrado por un equipo clínico capacitado y bajo la dirección de un psiquiatra.

Hospitalización

En algunos casos puede ser necesario hospitalizar al paciente con trastorno bipolar para evitar que, durante un episodio maníaco, el comportamiento destructivo provoque que se haga daño a sí mismo o a los demás. Es necesario un ambiente tranquilo y bien estructurado, atendido por profesionales que sepan actuar con distanciamiento, lo que es difícil en el ambiente familiar. Por otra parte, en un hospital es posible mantener una evaluación continua del proceso y su corrección momento a momento.

El paciente con un episodio maníaco no está consciente de que se halla enfermo, por lo que la hospitalización se lleva a cabo en contra de su voluntad. Ésta dura aproximadamente doce semanas. Después de la recuperación, la mayoría de los pacientes están agradecidos por la ayuda que se les brindó.

Durante un episodio depresivo, se puede indicar la hospitalización en caso de que exista riesgo de suicidio.

RECUPERACIÓN

> Aquel que obtiene una victoria sobre otro hombre es fuerte, pero quien obtiene una victoria sobre sí mismo es poderoso.
>
> LAO-TSÉ

Un tratamiento óptimo para el trastorno bipolar tiene varios componentes: los medicamentos que son el elemento más importante ya que sin éstos las demás ayudas no funcionan, como la psicoterapia y la psicoeducación, que es crucial para que pacientes y familiares sepan manejar de la mejor manera posible el desorden bipolar, monitorear los síntomas y prevenir sus complicaciones.

El diagnóstico de la enfermedad bipolar debe tomarse muy en serio. Las consecuencias de no hacerlo suelen verse en las salas de urgencia de los hospitales. Tanto dejar de tomar el medicamento como no poner atención a los primeros síntomas de un episodio son errores que pueden tener consecuencias fatales. La mayoría de los enfermos, tras ser diagnosticados, siguen el tratamiento por cierto tiempo hasta que se sienten bien y entonces deciden dejarlo. Más tarde, con las recaídas, se dan cuenta del verdadero impacto de la enfermedad en su vida y empiezan a tomarla en serio. Hay otros enfermos que se retiran de la vida laboral. A veces se dedican a visitar a muchos médicos buscando otras opiniones o utilizan su diagnóstico para ya no hacer nada, presentándose ante el mundo como víctimas. Con esta actitud es imposible hallar un equilibrio y bienestar.

Siendo una enfermedad incurable, el tratamiento va dirigido a prevenir las recaídas y la herramienta de prevención más efectiva son los medicamentos. De ahí la insistencia en que no se dejen ni se tome la prescripción a la ligera. Es necesario que quien padece del trastorno bipolar acepte la idea de que tomará medicinas el resto de su vida. Sabemos que es difícil aceptar este hecho, sobre todo cuando se es muy joven y en especial en los periodos en que uno se siente bien físicamente. Tampoco es fácil asimilar la idea de tomar medicinas para controlar los estados y procesos mentales.

El riesgo de suspender los medicamentos no estriba sólo en las recaídas. Hay informes sobre pacientes que dejaron de tomar litio, tuvieron una recaída y no respondieron al litio cuando volvieron a tomarlo. Éste es un fenómeno que ha sido denominado "la discontinuidad de litio que induce a hacerse refractario a él". En un grupo de 55 pacientes que interrumpieron la ingesta de litio, cerca de 20% tuvo una respuesta pobre al volver a tomarlo, o sea, perdió algo de su efectividad.

Lo ideal es encontrar un método para asegurarse de que cada dosis es tomada. Existen pastilleros con los días de la semana marcados para saber si se han tomado todas las pastillas correctamente. Esto funciona muy bien a individuos que tienden a olvidar su rutina, así como para los niños y adultos mayores.

El segundo punto importante es el manejo del estrés y los conflictos. En general, uno tiene muy poco control en cuándo y cómo llegan el estrés y el conflicto a nuestra vida. Pero es posible reducir las condiciones que los propician. Esto requiere realizar un examen serio y cambios fundamentales. Al igual que quien ha sufrido un infarto cambia su régimen de vida y reflexiona antes de aceptar un trabajo estresante, los enfermos bipolares necesitan hacer el mismo proceso antes de tomar una decisión importante en su vida. Esto puede significar cambiar de trabajo o profesión, vender la casa que no puede pagar, posponer o reconsiderar el matrimonio o el divorcio. El estrés y la tensión que conlleve cualquier actividad deben ser tomados en cuenta seriamente antes de realizarla.

La mejor manera de evitar situaciones estresantes en la vida diaria es estructurarla. Las rutinas de sueño son esenciales. Sincronizar apropiadamente el ciclo de sueño es muy importante ya que los periodos de privación de sueño precipitan los síntomas hipomaníacos y maníacos. Es importante establecer y mantener un horario personal fijando una hora para ir a la cama y para despertar en la mañana los siete días de la semana. Diferentes estudios han revelado que muchos factores del estilo de vida contribuyen para tener o no un buen sueño. Es necesario evitar el consumo de bebidas que contengan cafeína, así como las cenas pesadas. El ejercicio regular es benéfico para el sueño, por ejemplo: realizar un paseo diario, nadar tres veces por semana o acudir regularmente al gimnasio.

Evitar las situaciones que provocan tensión puede incluir suspender la relación con esa persona que le saca de sus casillas, dejar de ver películas de terror o violencia, los noticieros y no frecuentar ambientes que le son estresantes. Es importante también planear las actividades con anticipación. Dejar las cosas para última hora eleva los niveles de estrés. Lo mismo podemos decir de llevar a cabo las tareas de la manera más simple posible y una sola a la vez.

Es recomendable llevar un registro del humor en un calendario anotándolo cada día, usando una escala numérica del uno al diez. El uno corresponderá al día más deprimido y el diez al de mejor humor, así como el cinco para un día de humor medio. Si le parece demasiado reducido, puede usar una escala del 1 al 100. Es importante registrar el humor a la misma hora cada día. Este registro proporcionará a usted y a su médico una información de gran valor que puede ayudar a mostrar qué medicamentos funcionan o no, a determinar si hay factores estacionales, un componente premenstrual o circunstancias específicas que ayuden a detonar episodios depresivos o maníacos. Este tipo de planificación y regularidad no es fácil de llevar a cabo especialmente cuando no se está acostumbrado; sin embargo, hay investigaciones que revelan que reguladores externos como el sueño regular y planear las actividades ayudan a la estabilidad del humor.

Para quien padece el trastorno bipolar es muy difícil saber qué cambios en su estado de ánimo son normales y cuáles no lo son. Requiere de alguien más, un familiar o un amigo confiable para que actúe como observador objetivo de estos cambios. Es frecuente que un enfermo considere normales algunos cambios de humor patológicos negando la enfermedad, o atribuyendo su mal humor después de un disgusto a que su medicamento no funciona. El psiquiatra puede ayudar en esto, pero él no está ahí cuando esto sucede. Alguien que esté próximo puede ser un aliado valioso en este asunto, una persona que sepa comunicar lo que observa de manera afectuosa al notar cambios sostenidos en el humor. Es necesario que el enfermo le pida este apoyo y le autorice para actuar de manera firme en ciertos casos.

Es importante también decidir a quién conviene revelar el diagnóstico. Tal vez sea conveniente comunicarlo sólo a aquellos que pueden ayudar y necesitan saber. Esto incluye a todos los médicos y terapeutas que le tratan. También a quien le maneje sus cuentas. Muchos enfermos saben que, en episodios maníacos, pueden gastar todo su dinero y vaciar el crédito de sus tarjetas y toman precauciones para evitarlo, como dar instrucciones de congelar sus cuentas y solicitar créditos muy bajos para sus tarjetas. Un arquitecto puso todas sus chequeras con el requisito de llevar doble firma. De esta manera, él no podía expedir ningún cheque sin la firma de su socio. El trabajo a sueldo en un centro de trabajo puede ser complicado para el enfermo bipolar. Lo mejor sería encontrar un trabajo donde su jefe pueda comprender la enfermedad y esté de acuerdo con que habrá ausencias de vez en cuando. Muchos enfermos bipolares buscan trabajos creativos que puedan realizar de forma independiente.

Responsabilidad

> Cuando el médico me diagnosticó el trastorno bipolar, me explicó que no iba a bastar con tomar los medicamentos adecuados sino que tenía que tomar las riendas de mi propia vida. Después de dos recaídas entendí que necesitaba realizar un cambio sustancial de vida y asumirlo. Entonces me di a la tarea de distribuir mi tiempo e incorporar acciones específicas en mi vida cotidiana. Le puse orden a todo y tuve que asumir que algunas cosas tenían que ser descartadas para siempre. Se acabaron las desveladas, las fiestas y las idas al antro. Por otro lado, incorporé cosas nuevas, como la natación cada mañana. Al principio sentía que todo era sacrificio. Ahora que disfruto y valoro tanto mi estabilidad emocional, puedo decir que haría todavía más con tal de no perderla.

Ningún paciente bipolar escogió estar enfermo, pero sí tiene que hacerse responsable de su recuperación. Esto depende en gran medida del conocimiento que adquiera acerca de su enfermedad.

Durante los episodios de Depresión, el individuo se siente culpable. Hay una gran diferencia entre ser culpable y ser responsable. El culpable sería aquel que deliberadamente comete un acto nocivo para los demás o para sí mismo. Encubre pero con conciencia, aunque sea poca la conciencia, una serie de actos volitivos voluntarios que lo hacen ser culpable. Es muy poco probable que alguien que comete un homicidio doloso nos pueda convencer de que no es culpable, que mató inconscientemente porque se le cruzó de pronto alguien que había sido su enemigo cinco años antes. Existe una deliberación consciente que genera la culpa.

La otra responsabilidad es indirecta cuando se ejerce la enfermedad; por ejemplo, uno no es responsable de tener insomnio, de tener una autoestima baja, o no es responsable de tener pérdida de interés en las cosas que antes disfrutaba o de haber gastado de más durante una fase maníaca. Pero una vez que está informado y consciente de que ésos son síntomas de la enfermedad, entonces es ya responsable de su recuperación, lo cual significa no dejar de tomar el medicamento y asistir a la terapia. Si uno no intenta recuperarse sabiendo que está enfermo, entonces es culpable de no hacer nada por sí mismo. Al mismo tiempo tiene que ser responsable, no utilizando el argumento de que está enfermo para justificarse ante los familiares y ante sí mismo.

Finalmente, el tomar la responsabilidad de la recuperación y de la propia vida es una decisión que uno debe tomar para sobrevivir a cualquier tipo de situación. Yo recomiendo ampliamente no sólo a los enfermos en recuperación, sino también a todo aquel que quiera tomar esta decisión que lea un pequeño libro llamado *El hombre en busca de sentido*, escrito por el psiquiatra Victor E. Frankl después de haber vivido una de las más crudas experiencias, que fue sobrevivir en un campo de concentración.

Psicoterapia

Debido a la afectación emocional provocada por la enfermedad bipolar, es fundamental para el paciente un trabajo terapéutico sobre sus emociones, vínculos, historia y personalidad. Para esto se requiere su participación activa ya que, en una terapia, el 90% del trabajo lo hace el paciente. El trabajo del terapeuta consiste nada más en escuchar y tratar de romper los mecanismos de resistencia que tiene el paciente para hablar de sí mismo como es la negación.

La tendencia a negar del enfermo puede quitar importancia o justificar los síntomas. La información de otras fuentes puede ser de los familiares y amigos cercanos y ser en especial relevante para clarificar el curso de los episodios depresivos mayores y especialmente de los maníacos.

La herramienta principal de una psicoterapia se llama catarsis. Una catarsis es algo muy similar al vómito cuando se ha ingerido un alimento tóxico y es necesario expulsarlo. Durante una catarsis, el paciente expulsa, a través de palabras, todas aquellas emociones que lleva en su interior y le hacen daño.

Uno de los mecanismos de resistencia más común es la soberbia. Un individuo pude tener resistencia a hablar de sus frustraciones sexuales, de sus estados de ánimo y hasta de sus avances. La mentira deliberada consciente en una consulta médica es una resistencia y es muy frecuente. Recordemos que el enfermo deprimido se siente *mal* de estar deprimido y lo niega; entonces es probable que trate de engañar al doctor con el fin de no ser diagnosticado como un deprimido.

Con el deprimido la terapia además tiene otro propósito: reforzar la autoestima degenerada severamente por la enfermedad. No se trata de encontrar en su vida aquellos detalles que pueden ser exaltados y menos en forma desproporcionada. Se trata de explicarle al paciente cómo ha sido capaz de haber vivido sufriendo y de haber sufrido viviendo con las cargas depresivas y, a pesar de eso, ha podido lograr lo que hasta ahora ha logrado, como poder llegar hasta aquí.

La recuperación de la autoestima nunca debe hacerse con base en halagos o con frases hechas sino con base en hechos, en un coloquio discreto y sutilmente. Se trata de que él mismo acepte que, de la misma manera que tiene cosas que reprocharse, también ha tenido aciertos y puede reconocer sus virtudes.

Insistimos drásticamente en que el uso de medicamentos es fundamental; porque si existen episodios depresivos y maníacos hay un trastorno bioquímico que afecta el metabolismo de la serotonina y de la noradrenalina, y eso no se puede corregir con ninguna psicoterapia. Una vez instalado el tratamiento farmacológico vamos a recuperar la bioquímica del metabolismo, pero no vamos a reparar con medicamentos nada de lo que ha sucedido en los años anteriores, como pudieran ser las pérdidas consecuentes de sus crisis.

El trastorno bipolar no es necesariamente la causa de separación de una pareja, pero sí muchas veces puede provocar una serie de elementos disfuncionales que terminan con la relación. Una mujer que ve que su marido se queda sin ir a trabajar, que ya no quiere asistir a ninguna reunión social, que deja de tener relaciones sexuales y, otras veces, que actúa frenéticamente, se gasta todo el dinero y le es infiel va a buscar la separación. En este caso la enfermedad de manera indirecta puede causar la separación o el divorcio. Este tipo de acontecimientos es lo que se busca reparar en la psicoterapia.

Existen varios métodos terapéuticos efectivos para coadyuvar en la recuperación de pacientes que han padecido la enfermedad del trastorno bipolar. Una de las opciones más prácticas es la siguiente:

Terapia racional emotiva *(por Tonatiuh Lammoglia, psicólogo)*

Ésta es una de las opciones terapéuticas más prácticas en la recuperación del trastorno bipolar y la Depresión clínica. Se trata de un método que diagnostica en función de estos conceptos:

- La tristeza es una respuesta emotiva displacentera que se presenta como una reacción frente a las pérdidas. El grado de tristeza varía de intensidad, dependiendo del significado y el impacto negativo de la pérdida.
- La tristeza profunda frente a una pérdida significativa genera un proceso bioquímico llamado "duelo", que provoca el cambio del funcionamiento general de la persona e impacta su proceso cognitivo de la siguiente manera:
  - La percepción se ve matizada hacia lo negativo; es decir, aquello normalmente percibido como positivo o atractivo deja de serlo y hay desmotivación.
  - El pensamiento varía hacia un uso más constante de pensamientos negativos.
  - Existe una imagen y evocación de imágenes y recuerdos involuntarios de la "pérdida".
  - Hay una pérdida de energía y disminuye el deseo de actividad, lo que provoca poco deseo de socializar.
  - Cambios emotivos constantes.

- Fisiológicamente se observa una baja de serotonina, disminución del tono cerebral y actividad eléctrica, y deflatación del sistema.

En un proceso sano se espera que dure de tres a cuatro meses, y entonces pensamos en un duelo.

Si el sentimiento de tristeza se agudiza y pasa del tiempo esperado (de 3 a 4 meses), podremos hablar de una Depresión mayor.

La Depresión es una emoción irracional negativa. Es un exceso emocional extremadamente displacentero y doloroso que se provoca pensando irracionalmente: catastrofizando, exagerando y dramatizando los hechos de la realidad; creyendo equivocadamente que la realidad tiene la magnitud que con nuestro pensamiento irracional le atribuimos y que es la causa de nuestro sufrimiento. La persona crea un proceso autocompasivo que la impulsa a actuaciones desadaptativas de aislamiento y abandono, comportándose así de manera autoindulgente e irresponsable consigo misma y ante los demás.

Es una emoción irracional porque:

- No es objetiva, el pensamiento magnifica el estímulo de la realidad.
- Es innecesariamente intensa y prolongada.
- Interfiere en el uso de la inteligencia, las capacidades y el pensamiento lógico, porque modifica la bioquímica cerebral.
- Es incontrolable a voluntad.
- Es confusa, no se explica la relación con los hechos objetivos y los exageramos o dramatizamos, matizando la percepción.
- Es desadaptativa.

En cuanto al tratamiento terapéutico, uno de los objetivos de la TRE (terapia racional emotiva) es preventivo: se trata de evitar que de la tristeza se pase a la Depresión. Ésta es una postura irrespetuosa según la cultura, es decir al paciente: "Ya párale a tu drama porque no estás resolviendo nada y no te ayuda en el proceso de sanación. Lo que pasó pasó". Hay que impedir que la gente entre al proceso depresivo. ¿Cómo? Primero que nada haciéndoles entender que las pérdidas son parte de la realidad de todos y cada uno, que son parte de la vida y que a nadie se nos prometió que no nos sucedería. Es necesario aceptar la pérdida como algo real. Se les enseña una postura estoica (filosóficamente hablando): "No estás viviendo más que lo que todos los seres humanos vamos a vivir en la vida", "Sobreponte a esto porque los demás no tienen la culpa y porque no está pasando nada que no seguirá pasando en un momento de la vida. Entonces, mejor enfréntalo". Esto es condición fundamental del funcionamiento: "No dejarme hundir".

Cuanto más pronto entienda esto la gente, más sana será su vida. Va a tener las mismas pérdidas que tendrán los demás, se va a reducir el efecto de la emoción negativa sobre uno mismo, se va a tener más control sobre el propio funcionamiento y se va a estar a menos distancia de recuperar el bienestar. Se toma esta postura como filosofía de vida.

El manejo de la tristeza o depresión es en muchas ocasiones un proceso aprendido. Sabemos que en los seres humanos la práctica de los procesos cognitivos deja una huella aprendida y que ésta se puede activar frente a los estímulos externos e internos adaptativa o desadaptativamente, de tal forma que una tristeza profunda y sus consecuencias cognitivo-conductuales pueden aprenderse y seguirse practicando a lo largo de la vida, aun sin la presencia de un estímulo real; además, pueden aprenderse y practicarse sin haber vivido nunca la pérdida real... ¡por imitación!

Terapia en grupo

La terapia en grupo es altamente recomendable. Son muchas las ventajas de acudir a una terapia en grupo tanto para el paciente como para sus familiares. El grupo es tal vez el único ámbito en el que se pueden compartir experiencias y dudas con otros que se encuentran en la misma situación. La experiencia de cómo otros han resuelto su situación puede ser una guía muy valiosa. En el grupo, el paciente ve que no es un caso único y puede compartir experiencias con otras personas que sufren sus mismas dificultades. Pacientes que están en terapia individual optan en un momento dado por una ayuda que les permite también tratar de dar el servicio de ayudar a otros.

En los grupos de familiares, éstos encuentran las explicaciones adecuadas para resolver problemas cotidianos y se benefician de las experiencias que otras personas, con similares inconvenientes, han empleado para resolverlos.

Muchos médicos y terapeutas recomendamos la integración a un grupo porque hemos constatado su eficacia en los procesos de recuperación. Tanto los grupos de autoayuda como los especializados han demostrado ser altamente eficientes, sobre todo por el servicio social que prestan. Servir con el propio testimonio y participar activamente ayudando a la recuperación de otros seres humanos que han sufrido lo mismo es en sí parte importante de la propia recuperación.

Cuando uno se pone en disposición de otorgar, regalar y compartir su experiencia a su hermano, está efectuando algo que es invaluable: dar aquello que consideró que era lo más oculto, lo más trágico y lo más doloroso. Darlo abierta y confiadamente como un regalo de experiencia para otro crea un puente de comprensión extraordinario que se da siempre entre dos enfermos.

Es común que los pacientes, al acudir a una consulta médica, permanezcan por algunos minutos en la sala de espera. Muchos se dan cuenta de que la conversación entre ellos acerca de los síntomas de la enfermedad hace que se identifiquen y experimentan un gran alivio emocional. Este coloquio de dos se da en un puente de comprensión y comunicación que los vincula a través de lo mismo: un sufrimiento común.

Uno se percata de los beneficios de este intercambio cuando participa, milita o trabaja dentro de algún grupo que enseñe cómo servir a otros a través de la experiencia personal.

Todos los grupos de autoayuda y todos los grupos de terapia formal lo saben perfectamente bien. Nuestra experiencia, en los años que llevamos al aire en la radio, es que, sin saberlo y quizá sin proponérselo, mucha gente ha ayudado a miles de seres humanos al compartir su experiencia. Cuando alguien escucha una historia que le queda como anillo al dedo se siente identificado y puede servirle justamente para iniciar su proceso de recuperación.

El acto de compartir la propia experiencia con otro sirve a los dos. Cuando uno se despoja de esa caja de egoísmo en la que guardó sus emociones y sus sentimientos y los comparte con otro ser humano, en realidad está quitándose un gran peso de encima. Es como se dice "soltar la papa caliente" que te quema las manos y a otro le servirá para comer. Alguien se va a nutrir con esa experiencia y va a crecer a partir de ella.

El servicio pudiera ser la mejor herramienta para la recuperación, porque los seres humanos solemos almacenar el dolor como si fuera un tesoro oculto que no queremos compartir. "La ropa sucia se lava en casa", "esto no lo cuento porque qué van a pensar" o "fue la cruz que me tocó vivir" son las peores estupideces que uno se puede decir en estos casos. Es claro que tampoco se le puede contar todo al primero que se cruce en nuestro camino. Los grupos especializados son el sitio adecuado ya que se rigen, antes que nada, por el respeto y la discrecionalidad.

Testimonio de una mujer de 35 años

Nací en la Ciudad de México en 1973. Fui una niña muy estudiosa. En la escuela siempre obtuve las mejores calificaciones. En mi salón era la más destacada. Me encantaba leer y me devoraba los libros. Me gusta mucho la historia, sobre todo la de mi país. Entré a la UNAM a estudiar historia. Sólo quería hacer una gran carrera profesional y formar un hogar feliz.

Cuando cursaba el último semestre todo iba como siempre para mí. Llevaba el mejor promedio de la carrera y además tomaba otros diplomados. Pensaba terminar y conseguir una beca para ir a hacer una maestría en España. Cuando regresara iba a dar clases. Tenía un novio que estudiaba ingeniería civil y el plan era que nos fuéramos juntos a estudiar a Europa ya casados y, al volver, formar una familia con tres hijos. Todo lo teníamos bien calculado.

Empecé a trabajar en mi tesis con pasión, tanta que casi no dormía. Mi mamá me decía: "¿Cómo es posible que no te veas cansada?, llevas dos semanas sin dormir casi nada". Ella esperaba que de un momento a otro cayera rendida, pero no fue así. Empezó a preocuparse, pero mi papá le decía que me veía bien: "es joven y tiene mucha energía". Él estaba orgulloso de mí hasta que admitió que mi comportamiento se estaba volviendo muy raro y cada día empeoraba. Ya presentaba un brote declarado de Manía. Cuando vieron que hablaba, comía y hacía todo a gran velocidad y además decía incoherencias, me llevaron directamente al hospital. Ahí, un psiquiatra me entrevistó, les preguntó a mis papás cómo era yo normalmente y finalmente concluyó que era un caso típico de trastorno bipolar.

Su diagnóstico no fue lo grave. En ese momento yo no tenía idea de lo que era esa enfermedad. Lo grave fue que me dijera que tenía que dejar toda actividad, dejar la universidad, dejar la tesis y olvidarme por el momento de todos mis planes. No estaba dispuesta a hacerlo. Decidí tomar sus medicamentos, pero continuar con la tesis y seguir mis estudios. Tenía que recibirme y mantener mi promedio para conseguir la beca. Entonces la cruda realidad me golpeó en la cara. Cuando fui a ver al maestro que me revisaba la tesis me dijo: "No sé qué te está pasando. Ibas tan bien, pero esto no tiene ni pies ni cabeza". Hasta me preguntó si no había estado fumando mariguana. Todo lo que había hecho esas semanas no servía. Intenté también asistir a clases, pero no pude estar ahí sentada sin moverme en una silla ni un día. No podía escuchar a nadie, a todos los interrumpía. No había manera de que pudiera concentrarme en nada, ni siquiera podía leer. Horrible.

Finalmente tiré la toalla. Dejé todo y con gran dolor tuve que aceptar que todos mis planes se iban por el caño. Mi novio nunca entendió que yo estuviera enferma, sólo veía que yo ya no era la misma y me cortó. Otra pérdida, yo estaba muy enamorada. Con él se fueron mis sueños de formar esa bonita familia.

Me encerré en mi casa. No podía hacer nada de lo que me gusta, como leer, y creí que ya me había vuelto loca. Tampoco podía estar quieta, así que me dio por limpiar y pulir todo lo que estaba a mi alcance. Unas semanas después el episodio maniático remitió y me sentí otra vez como antes. Había perdido un semestre, pero regresé a la universidad a terminar mi carrera. Ya no tuve el mejor promedio y tuve que esforzarme mucho. Cuando retomé mi tesis fue muy doloroso leer el desastre que había hecho, y muy vergonzoso pensar que mi maestro había leído eso. Fue entonces cuando me di cuenta de que había estado delirando. Finalmente logré recibirme, pero el sueño de la beca ya era polvo.

Busqué trabajo y me ofrecieron una cátedra en una universidad privada. Acepté encantada. El primer semestre fue sensacional. Me sentía muy bien con los jóvenes y conmigo misma. La universidad estaba contenta con mi trabajo, especialmente con el entusiasmo que lograba despertar en los muchachos por la historia de México. Para el segundo semestre me dieron un grupo más y hablaron de la posibilidad de que participara al siguiente año en una maestría. Cuando me dijeron esto pensé: "Qué extraño, esta noticia debía hacerme muy feliz; sin embargo, me siento triste". Todo se vino abajo. El entusiasmo desapareció: el mío y el que despertaba en mis alumnos. Trataba de dar la clase, pero se quejaban de que no escuchaban mi voz. Un día, simplemente no me levanté de la cama. Todo perdió sentido para mí, nada me motivaba. Estaba atrapada en el túnel negro de la Depresión.

Me cambiaron los medicamentos, pero tardaron en hacer efecto. Mientras, lo único que pensaba era que me quería morir. Mi mamá fue a la universidad a explicar las cosas para que no perdiera mi puesto. Le dijeron que entendían, que lo sentían mucho, que iban a rezar mucho por mí, pero que lamentablemente mi puesto ya estaba ocupado y no podía regresar.

Cuando salí de la Depresión conseguí trabajo de maestra de historia en una preparatoria también privada. Para entrar, no dije que había dado clases en la universidad privada para explicar por qué me habían corrido. Ya era víctima del estigma. Los primeros meses de ese año escolar fueron sensacionales. Adoraba a mis alumnos y ellos a mí. Hice que a muchos les interesara la historia, la clase era muy divertida. De pronto, un día mi mente me empezó a bombardear con pensamientos de grandiosidad y dejé de dormir. Mi mamá me dijo que le parecía que estaba regresando la Manía. Corrimos al médico y lo confirmó. Esta vez yo renuncié y volví a encerrarme en mi casa.

Pasó el episodio maníaco otra vez, pero yo ya no quería volver a dar clases, les fallaba a mis alumnos. Me decía que con esta maldita enfermedad, yo ya no podía casarme y mucho menos tener hijos. Fue entonces que conocí a Ernestina, una señora con el mismo trastorno que parecía llevar una vida normal. Ella me ayudó, recuerdo que me dijo: "Yo no vivo luchando contra la enfermedad, aprendí a vivir con ella". Yo le decía: "¿Cómo puedes vivir con esta locura que aparece sin avisar y destruye todo?" Ella me explicó que tomando las riendas de todo aquello que sí está bajo tu control. Con Ernestina aprendí a fijar un horario estricto para dormir, para comer, para hacer ejercicio, a elegir una actividad sin riesgos. Ahora trabajo por mi cuenta haciendo artículos para una revista cultural. También aprendí a sacar de mi vida todo lo que es estresante.

Han pasado cinco años desde que conocí a Ernestina. He tenido muy pocos episodios y han sido menos severos. Ella siempre estuvo conmigo y yo con ella. Reconocimos lo importante de nuestro vínculo e invitamos a otras dos mujeres. Nos convertimos en un grupo de autoayuda.

Con la ayuda del grupo, mucha gente ha descubierto que su autoestima se expande y puede moverse hacia delante en otras áreas de su vida. El apoyo mutuo es un proceso en el cual todos los participantes se enriquecen.

Para quien tiene dificultad en encontrar o formar un grupo de apoyo en su comunidad, puede integrarse a los grupos que existen vía internet. En México, el grupo que se encuentra en http://bipolarmexico.foros.ws ha funcionado favorablemente para gente con el trastorno bipolar.

Psicoeducación

> A los ignorantes los aventajan los que leen libros. A éstos, los que retienen lo leído. A éstos, los que comprenden lo leído. A éstos, los que ponen manos a la obra.
>
> PROVERBIO HINDÚ

Uno de los abordajes psicoterapéuticos más utilizados hoy en día es la psicoeducación o terapia psicoeducativa. Ésta va más allá de la mera transmisión de información: incide en cambios cognitivos y conductuales que se derivan del conocimiento de la enfermedad. Se trata de una intervención que intenta proporcionar un marco teórico y práctico en el cual el paciente pueda comprender y afrontar el trastorno y sus posibles consecuencias, colaborando activamente en el tratamiento. Es una rama de la psicología que interviene de manera directa en los ámbitos personal, familiar y educativo en general.

La psicoeducación tiene como objetivo fomentar la conciencia de la enfermedad, mejorar el cumplimiento del tratamiento farmacológico y facilitar la detección precoz de nuevos episodios para una intervención temprana. También busca reducir el riesgo de recaídas evitando factores que pueden actuar como desencadenantes de nuevos episodios, como puede ser el abuso de alcohol de drogas, estrés y malos hábitos. Hace hincapié en la educación del paciente y sus familiares, en la enfermedad en sí misma, en el manejo del estrés, en la resolución de conflictos y en una especial atención a las tensiones familiares y maritales causadas por dicho trastorno.

Las principales razones que motivaron la psicoeducación dirigida a los familiares fueron la importancia que juega el estrés ambiental en la evolución del trastorno bipolar, la carga experimentada por quienes conviven con el paciente y la demanda de éstos de recibir más información sobre el trastorno y sus estrategias de afrontamiento. En las sesiones de psicoeducación que se dirigen específicamente a los familiares se ofrece información estructurada sobre el trastorno bipolar y las estrategias de afrontamiento ante el mismo. Se proporcionan técnicas que les permiten manejar el estrés y la carga emocional, así como solucionar problemas prácticos que ocurren diariamente. De esta manera, los familiares pueden facilitar la rehabilitación de sus seres queridos al cambiar aquellos comportamientos que pueden desencadenar recaídas y al detectar los síntomas que anteceden a las mismas. Lo que se busca es en primer lugar trabajar en equipo (terapeutas y familia) para el bienestar del paciente, reconociendo el papel que cada miembro de la familia juega en facilitar un ambiente familiar propicio que promueva la recuperación del enfermo.

En los talleres de psicoeducación se aprende principalmente a comprender la naturaleza de la enfermedad; a identificar los factores desencadenantes de episodios; los principales síntomas e identificación de las primeras señales de recaída tanto de episodios maníacos e hipomaníacos como de episodios depresivos y mixtos; la importancia en el cumplimiento del tratamiento farmacológico; la planificación de estrategias de afrontamiento; otros temas relacionados, como la ideación suicida, el abuso de sustancias, la hospitalización y el embarazo; la prevención y manejo del estrés familiar; y entrenamiento en habilidades de comunicación y resolución de problemas.

Gracias a la psicoeducación, los pacientes y sus familiares pueden manifestar una actitud más positiva hacia el tratamiento farmacológico y contactar con el médico ante la mínima sospecha de recaída.

Estudios realizados en Barcelona sobre la eficacia de la psicoeducación reflejaron que los pacientes que participaron en el grupo psicoeducativo tuvieron a lo largo de dos años de seguimiento un menor número de recaídas y redujeron los días de hospitalización en comparación con un grupo de pacientes que no recibió psicoeducación. Se observó que el curso de la enfermedad mejoraba tras la introducción de un programa dirigido conjuntamente al paciente y a sus familiares, además de una reducción significativa del nivel de estrés o carga percibida por los familiares en relación con la enfermedad.

Dormir bien

Un buen descanso es fundamental para el paciente bipolar. Esto significa dormir bien tanto en cantidad como en calidad. Pocas horas de sueño o dormir mal son factores que pueden contribuir a desencadenar episodios maníacos o depresivos. El buen dormir ayuda a que el organismo se recupere significativamente procurando bienestar y tranquilidad.

Establecer un horario fijo para irse a la cama y para levantarse es fundamental. Cabe aclarar que ir a la cama significa ir a dormir, no acostarse con la televisión prendida o leyendo novelas de horror. Respetar y pedir respeto por las horas de sueño es esencial. El paciente bipolar necesita que los demás comprendan esto y no insistan en que asista a fiestas o desveladas, que entiendan que no se retira de una reunión por mala educación sino por cuestiones de salud.

Reducir la tensión

El estrés y la tensión son un riesgo para la estabilidad emocional del paciente bipolar. Además de evitar situaciones tensas, es conveniente incorporar a la rutina diaria técnicas de relajación profunda y lograr un buen descanso. Para evitar la tensión es recomendable relajarse en cualquier momento en que note nerviosismo, así como descansar en cuanto empiece a sentir cansancio. Es importante aprender a detenerse antes de que la tensión o el cansancio escalen a niveles riesgosos.

En la gran mayoría de técnicas para la relajación se nos enseña a respirar bien. La respiración profunda produce una importante relajación muscular y emocional. Cuando respiramos superficialmente el organismo no obtiene la oxigenación suficiente para desintoxicarse.

Alimentación

Una buena nutrición, para el paciente bipolar, es algo más que ingerir los alimentos balanceados. Es importante observar un horario, comer despacio y en un ambiente de tranquilidad evitando discusiones acaloradas, o tener la televisión encendida con su bombardeo de comerciales y noticias fatales. Es necesario elaborar una dieta correcta que evite alimentos que contienen sustancias que pueden ser tóxicas como la cafeína.

Algunos pacientes han descubierto una especial sensibilidad hacia ciertos alimentos como el gluten (proteína contenida en muchos granos, como el trigo, el centeno, la avena y la cebada), el aspartame (un endulzante artificial) o el chocolate y la caseína (protenía contenida en lácteos).

El doctor Andrew Stoll, director de investigaciones farmacológicas del hospital Malean en Boston, realizó una investigación sobre la relación entre los ácidos grasos Omega-3 y el trastorno bipolar. Su estudio revela que altas dosis de Omega-3 tuvieron efectos estabilizadores del humor, así como antidepresivos en más de 55% de los enfermos maníaco-depresivos que participaron. Estos ácidos son componentes esenciales en las células de las membranas cerebrales, incluyendo los receptores de neurotransmisores. El Omega-3 se encuentra principalmente en los pescados azules y también se vende en cápsulas como complemento alimenticio.

Ejercicio

El ejercicio más recomendable es el aeróbico como la caminata, la natación o la bicicleta. Esto hace que se produzca una buena cantidad de endorfinas que son las sustancias que requiere el organismo para obtener bienestar. Las endorfinas ayudan a atenuar y disminuir el dolor. Se recomienda hacer el ejercicio aeróbico y llegar incluso a sentir la necesidad de hacerlo en lo que constituye una verdadera adicción a las endorfinas que produce. El ejercicio es uno de los recursos que se usan para reducir el estrés, la Depresión y todos aquellos padecimientos donde la necesidad de recuperación emocional y física es necesaria. El tiempo de la recuperación de cualquier tratamiento es más corto y la calidad es impresionantemente mayor.

La práctica del ejercicio también libera el exceso de energía, desintoxica el organismo y mantiene la flexibilidad corporal. El hábito cotidiano de ejercitarse ayuda también a detener la mente, enfocándose en el momento presente y logrando un mayor equilibrio emocional. Cuando es posible hacer ejercicio al aire libre fuera de la ciudad, uno toma contacto con el aire puro, el sol y los demás elementos naturales, que tienen un efecto relajante y revitalizador.

Actividad sexual

Los conceptos que el paciente bipolar tiene sobre su propia sexualidad pueden ser muy desfavorables. Muchos no tienen una vida sexual o ésta es escasa, insatisfactoria, indiscriminada o excedida. En algunos, la actividad sexual se manifiesta sólo como una descarga física y otros presentan diversos impedimentos funcionales. El factor común es la falta de satisfacción plena, el placer y el orgasmo. Con frecuencia, el enfermo bipolar tiene una imagen pobre y desvalorizada de sí mismo. No cree merecer el amor y el placer y teme tanto a la intimidad como al rechazo. Estos pacientes logran desarrollar una vida sexual sana y placentera cuando, con ayuda de la psicoterapia, superan estos conflictos y recuperan un buen nivel de autoestima.

Trabajo

> El primer deber del hombre es desarrollar todo lo que posee, todo aquello en que él mismo pueda convertirse.
>
> ANDRE MAUROIS

El trabajo no sólo brinda independencia económica, sino también es un combustible importante para la autoestima. Es importante encontrar una actividad laboral que proporcione un ritmo y una estructura. Para un paciente bipolar, estar desocupado puede ser fatal ya que su mente puede torturarle con su frenética actividad, provocando estados de inestabilidad emocional. Por eso a la mente le llaman "la loca de la casa".

No importa qué tan severo sea el trastorno que afecta a un individuo, todos tenemos capacidades y habilidades latentes. Encontrar la actividad concordante para desarrollarlas y llevarla a cabo es fundamental para la salud emocional. Puede tratarse de una expresión artística u otra ocupación con la que el individuo se sienta afín.

Servicio

> El hombre más feliz es el que hace la felicidad del mayor número de sus semejantes.
>
> D. Diderot

En el programa de doce pasos para la recuperación de la enfermedad de la adicción, el servicio ocupa el último eslabón. Sin éste, se sabe que no hay recuperación. No se trata solamente de un acto altruista en beneficio de otros, sino también conlleva un gran poder curativo para quien lo realiza. Olvidarse un poco de uno mismo y poner energía en desarrollar una actividad de servicio por otros ayuda a ver la propia vida desde una nueva perspectiva. El servicio aporta varios beneficios al paciente bipolar: sentirse útil y valioso, ejercitar la constancia, vincularse con otros y tener un proyecto real y concreto que le va a proporcionar la satisfacción de los logros. Además, el trabajo de servicio le pone cara a cara con la experiencia amorosa del dar.

> La primera vez que recibí un agradecimiento sentí que por fin era otro. Estaba tan acostumbrado a ser una carga para los demás que en mi mente no cabía la idea de que yo también podía ayudar a alguien más.

Práctica de la meditación

> No eres tu historia, no eres tu problema, no eres tus pensamientos, ni tus emociones. Eres mucho más que eso: eres el contexto en el que todo eso sucede.
>
> S. WOLLINSKY

La meditación, sobre todo la meditación trascendental que es la más conocida en Occidente, es una práctica ancestral que tiene por lo menos 5 000 años de practicarse en Oriente. Es un coloquio que se tiene con uno mismo en el cual se fija el pensamiento en un punto distante o inexistente que uno imagina, se rompe la estructura del pensamiento, se deja de pensar y en ese momento se obtiene una relajación total. Esta relajación se da entre otras cosas porque se libera también una buena cantidad de endorfinas. Hemos afirmado que la tranquilidad es la ausencia de pensamientos; por eso, desde los pueblos de la antigüedad, la mejor manera de obtener tranquilidad era y es la meditación. Se deja de pensar y se deja de sentir. Recordemos que son los pensamientos lo que más nos causa sufrimiento, más aún que los hechos. Son los pensamientos los que evocan los recuerdos dolorosos y es ese resentimiento, contra la vida o contra el ofensor, lo que no permite que un individuo tenga tranquilidad.

En el pasado, se consideró a la meditación como una práctica reservada a los budistas; sin embargo, hoy en día se practica ampliamente en los países occidentales por gente que, lejos de tratarse de fieles religiosos, son profesionales de todo tipo agobiados por el estrés, pacientes a los que sus médicos recetamos meditar para mejorar su salud o individuos interesados en profundizar en sí mismos.

El profesor de medicina Herbert Benson, de la Universidad de Harvard, llevó a cabo una investigación y llegó a la conclusión de que la práctica de la meditación contrarresta los mecanismos cerebrales asociados al estrés. John Teasdale, de la Unidad de Ciencias Cognitivas y del Cerebro en Cambridge, Inglaterra, ha encontrado que la combinación de meditación introspectiva con terapia cognitiva reduce a la mitad las recaídas de los pacientes depresivos crónicos. Otros estudios realizados por Richard Davidson de la Universidad de Wisconsin indican que la meditación tiene efectos biológicos, ya que produce cambios en el cerebro asociados a emociones más positivas y mejoras en la función inmune. Lo interesante de esta investigación es que se llevó a cabo en una experimentación en la que participó el decimocuarto Dalai Lama, Tenzin Gyatso, quien puso a disposición de los neurocientíficos su cerebro y el de sus monjes. Estos estudios neuronales demostraron que durante la meditación hay un incremento de actividad en el lóbulo frontal izquierdo, que es la residencia de las emociones positivas. Al mismo tiempo se reduce el funcionamiento de la región derecha. Los científicos han observado que la gente que emplea más la zona izquierda tarda menos tiempo en eliminar las emociones negativas y la tensión que pueden provocar. Este desequilibrio entre los hemisferios conlleva también una reducción del miedo y la ira. Como resultado de esta investigación también se vio que los monjes budistas tienen una actividad significativamente mayor en el lóbulo izquierdo que quienes no practican la meditación.

Existen numerosos métodos para meditar, algunos de ellos proceden directamente de las antiguas tradiciones. El objetivo es detener el bullicio mental y lograr un estado de calma y relajación. Un ejemplo de este tipo de métodos es la meditación trascendental. Cuando una persona aprende la técnica, el instructor le proporciona una palabra que se denomina *mantra*, que será el objeto de la concentración. Otra forma es la meditación introspectiva. En este caso, el objetivo no es detener la mente sino que se dejan discurrir libremente los pensamientos, pero sin detenerse en ellos y sin juzgar su contenido. Uno es un simple espectador, la atención se centra en el momento presente y desaparecen las preocupaciones por el futuro. Los métodos tradicionales son accesibles para cualquier individuo sin necesidad de tener que convertirse o profesar ningún credo.

Testimonio de un hombre de 37 años

"Yo sé que la luz existe, aunque es de noche."

Cuando cumplí 30 años, mi vida era un caos. Me había pasado los últimos doce años colgando de un péndulo que oscilaba violentamente sin ritmo. Pasaba de oscuras depresiones a periodos de normalidad a otros de locura. No sabía cuándo iba a aparecer el uno o el otro. Dos veces intenté quitarme la vida y otras tres estuve a punto a perderla por manejar como estúpido. Tomaba los medicamentos a veces. Según yo, me los administraba y yo solo bajaba las dosis cuando me sentía bien hasta que volvía a recaer.

Fue entonces, a los 30 años, que vino lo peor: un episodio de Manía que me llevó a perderlo todo, mi dinero, mi dignidad y mi familia. Estaba solo, muy solo. Busqué a mi única hermana que vive en Guadalajara y le pedí ayuda. Ella me dijo que podía pasar un tiempo en su casa, pero que me iba a poner condiciones. Esas condiciones fueron mi salvación. Ella estaba muy metida en un grupo de meditación y quería que fuera con ella diario. Yo acepté porque ya no tenía a dónde ir. La meditación me mostró otra realidad. Ahí experimenté la presencia de un poder superior.

Un día les dije a los del grupo que me sentía salvado y les conté de mi enfermedad. Un señor que me escuchó me dijo que no cantara victoria tan rápido. Él es un enfermo depresivo y unos meses antes había tenido un episodio espantoso. Me dijo que la práctica espiritual le había servido mucho para sobrellevar la enfermedad, pero no se la había quitado. Tenía razón. A los pocos meses me arrastró la ola de la Depresión.

Mi hermana habló con él y me fue a ver. Recuerdo que entró y me dijo: "Yo sí sé cómo te sientes. Yo he estado ahí, sólo recuerda que es pasajero". Entonces colgó un letrero en la pared que decía: "Yo sé que la luz existe, aunque es de noche" y me dijo: "Estas palabras son de san Juan de la Cruz. Vas a decirlas una y otra vez hasta que esto pase. Dilas para cada pensamiento que te asalte".

No conozco la historia de san Juan, pero sus palabras me sostuvieron esos días. El letrero cuelga en la misma pared desde hace tres años. Todos los días me recuerda que, para volver a la luz, tengo que estar bien.

Desde entonces tomé muy en serio lo de los medicamentos, lo de los horarios, todo. Me di cuenta que no sólo para meditar tenía que estar bien, también para vivir la vida. Cada mañana que despierto sintiéndome normal, sé que es un día para aprovechar, para ser yo, para amar, para trabajar. Mis episodios se han espaciado y no han vuelto a ser tan terribles. Cuando los veo venir, o más bien mi hermana es la que se da cuenta, me preparo y los acepto. Desde que aparecen las primeras señales voy al médico y empiezo a repetir una y otra vez: "Yo sé que la luz existe, aunque es de noche".

4

Para familiares y amigos, ¿qué hacer?

> Quiéreme cuando menos lo merezca, porque será cuando más lo necesite.

El trastorno bipolar afecta no sólo a aquellos que lo padecen, sino también a quienes los cuidan, a los que conviven con ellos y a todos a quienes les importa su bienestar. Frecuentemente, al querer ayudar, cometemos errores que empeoran la situación. Mucha gente se siente tremendamente frustrada porque simplemente no sabe qué hacer. Lo primero y más importante, por el bien del enfermo y de uno mismo, es aprender todo lo posible acerca de este trastorno y su tratamiento. Al estar bien informado, ayudará al otro, despejará sus propios miedos e incertidumbres y tendrá estrategias para hacer frente a la enfermedad. Así podrá sobrellevar, junto al enfermo, tanto los episodios depresivos como los maníacos. En los dos casos se trata de experiencias muy difíciles para quien las padece y para todos aquellos que le rodean. Sin embargo, hay muchas cosas que se pueden hacer para suavizar el camino y ayudar a la recuperación.

Diagnosticaron a mi esposa con trastorno bipolar cuando ya habíamos cumplido cinco años de casados. Vivimos meses de locura hasta que pude reconocer y asumir lo que estaba pasando. Mientras ella padecía crisis de Depresión y de Manía, yo empecé a tener problemas de ansiedad y de insomnio; hasta pensé que yo también estaba padeciendo de Depresión.

Fui también a ver al mismo médico y él me recomendó asistir a una conferencia sobre trastorno bipolar para familiares. Ahí comencé a entender realmente la enfermedad y pude actuar de diferente manera. Dejé de reclamarle y agobiarla como hacía antes. Los dos nos pusimos a averiguar todo lo posible acerca del padecimiento y esto nos sirvió para controlar mejor sus episodios.

Yo me siento mejor desde que entiendo que sus cambios de humor no tienen nada que ver con nuestro amor, que es lo único que cuenta.

La paciencia es el ingrediente más importante para tratar con un enfermo bipolar. Haga todo lo posible por desarrollarla y practicarla.

Señor, dame la serenidad para aceptar lo que no puedo
cambiar, valor para cambiar lo que sí puedo,
y la sabiduría para reconocer la diferencia.

Esta oración de la serenidad es para millones de seres humanos que enfrentan situaciones difíciles, el sostén de todos los días. Los enfermos alcohólicos y aquellos que se enfrentan a enfermedades incurables piden ayuda a un poder superior y los resultados demuestran que son escuchados.

APRENDER A DETECTAR LOS SIGNOS

Cuando uno conoce bien a otra persona, sabe cuándo está cambiando de temperamento, de manera de ser. Siempre hay ciertos signos que anuncian el inicio de un episodio ya sea hacia la Depresión o hacia la Manía. Éstos pueden variar de un individuo a otro según su personalidad. Aprender a reconocer los signos que anuncian un episodio así como aquellos eventos que lo pueden detonar es esencial para quien convive con un enfermo bipolar. Esto significa conocerlos y estar preparado para actuar antes de que empeoren y se salgan de control. Cuanto más pronto el enfermo reciba su tratamiento, mejor.

La comunicación constante con el médico es de suma importancia en el trastorno bipolar para que sepa cuándo cambiar el medicamento. De otro modo, la ingesta de antidepresivos puede provocar que un episodio maníaco se detone con mayor severidad. Por desgracia, el suicidio es un resultado fatal en el trastorno bipolar. Negar esta posibilidad puede terminar en una tragedia.

Cuando los seres que conviven con un enfermo maníaco-depresivo aprenden a identificar los primeros signos de un episodio depresivo y de un episodio maníaco, es posible lograr que éste lleve una vida saludable y funcional. Nadie debe olvidar que la amenaza es de por vida y la comunicación con el médico es esencial. Tratar a un enfermo maníaco-depresivo es una tarea que uno, como médico psiquiatra, no puede hacer sólo. Sabemos que el individuo vive en una especie de montaña rusa, pero nadie puede decir cuándo empezará a subir y cuándo a bajar. El individuo, por la enfermedad misma, es incapaz de reconocer los primeros síntomas de un episodio, ni del depresivo ni del maníaco, así que este punto fundamental en el tratamiento depende completamente de sus seres cercanos.

Ante un episodio depresivo

Cuando se presenta un episodio depresivo por primera vez, nos toma por sorpresa. De hecho, solemos pasar por alto los primeros signos que lo anunciaban o no les damos importancia. Es hasta que el episodio claramente afecta la funcionalidad de nuestro ser querido cuando empezamos a preocuparnos y pedimos ayuda. Sin embargo, es a partir del primero cuando aprendemos. Una vez hecho el diagnóstico, vale la pena considerar qué fue todo aquello que pasamos por alto, recordar qué pasó en los días previos al episodio. Algunos se muestran un poco desanimados, dejan alguna actividad que les satisface, comen menos, duermen más. A veces los primeros signos se ven en su arreglo personal. Sólo estando conscientes de toda esta información y estando alerta podremos ver venir el próximo episodio y actuar a tiempo.

El hecho de que alguien sea diagnosticado con una Depresión mayor no significa que tenga un trastorno bipolar. Para esto se requiere la aparición de episodios maníacos. Puede ser que se trate únicamente de Depresión; sin embargo, no deja de ser un padecimiento grave que requiere asistencia psiquiátrica y medicamentos, en la mayoría de los casos de por vida.

Para quien nunca ha experimentado un episodio depresivo, es imposible conocer el grado de desvaloración, desamparo y desesperación que una persona puede sentir cuando se encuentra con una Depresión mayor. Para poder ayudar, insistimos, es muy importante entender que la Depresión es una enfermedad seria que requiere de atención profesional. No es el resultado de un defecto del carácter. No se trata de vagancia o flojera y quien la padece simplemente no puede elegir sentirse diferente. El deprimido no engaña a nadie ni está buscando pretextos para no hacer nada o llamar la atención, se siente verdaderamente mal. Una vez que uno entiende que el ser querido no tiene control sobre su Depresión, será más fácil ofrecerle ayuda y prestarle los cuidados adecuados. La Depresión debe ser vista como lo que es y es necesario estar conscientes de que el enfermo requiere atención y cuidados al igual que otra enfermedad seria.

Pedir ayuda

Como familiar, uno puede ver claramente todos los síntomas de una Depresión mayor en un ser querido; sin embargo, él no parece verlos ni aceptarlos. Es común que haya una gran resistencia a aceptar la Depresión y que el individuo niegue que tenga un problema.

No es nada fácil convencer a alguien deprimido de que tiene una enfermedad y necesita ayuda profesional. Es importante saber plantear el asunto. Uno no debe preguntarle si está deprimido ni mucho menos afirmarlo. Lo mejor es expresarle, sin brusquedad, la propia preocupación. Sin criticar, uno puede describir los cambios en su comportamiento y en su estado de ánimo. Después se le puede preguntar si está ocurriendo algo, si tiene algún problema que le preocupe porque parece estar muy desanimado.

Es muy probable que el individuo responda que no le pasa nada, que está bien. Se pueden requerir varias tentativas antes de poder convencerle para que busque o acepte ayuda y lo mejor es continuar intentándolo. Ofrecer acompañarle en la cita con el médico le demostrará su apoyo. Hay quienes piden una cita para hablar con el médico por adelantado y expresar sus observaciones, y éste le podrá aconsejar cómo manejar la situación.

La medicación

Tanto el enfermo como sus familiares deben entender la importancia de los medicamentos. Los fármacos antidepresivos tardan de dos a tres semanas en dejar ver sus efectos. Es importante saber esto para no desesperar mientras se cumple el plazo. Mucha gente deja de tomar el medicamento porque decide que no sirve. Las drogas psiquiátricas no son como los analgésicos que actúan inmediatamente: aquéllas actúan en los procesos de la bioquímica cerebral, que es donde se encuentra el problema y su efecto es más tardado.

El segundo factor de importancia es seguir las instrucciones del médico respecto al medicamento al pie de la letra. Es muy importante, sobre todo al inicio, ayudar al enfermo con la toma del medicamento. Es muy probable que el deprimido no tenga interés en hacerlo, por lo que no es recomendable dejar el asunto en sus manos. Lo mejor es encargarse personalmente de administrarle las dosis exactamente como las ha prescrito el psiquiatra para cerciorarse de que está tomando la medicina correctamente.

Si no se ven muestras de mejoría después del plazo señalado por el médico (generalmente son tres semanas), será necesario concertar otra cita. También es importante saber que no debe dejar de tomar el medicamento porque "ya se siente bien". Muchos pacientes, considerando el costo de estas medicinas, deciden reducir la dosis o dejarlo definitivamente. El resultado suele ser una recaída fatal que requerirá reiniciar el tratamiento y esperar otra vez tres semanas para que empiece a hacer efecto.

Cuando se empiecen a ver signos de mejoría conviene compartir estas observaciones con el enfermo para darle ánimos y para que comprenda el beneficio de tomar el medicamento. No hay que esperar cambios totales de un día para otro. Los primeros signos de mejoría pueden consistir en que el individuo de pronto decida volver a bañarse, o simplemente salga de su habitación para sentarse un rato en la sala.

Saber que no es fácil

Cuando alguien está deprimido, son muchos lo que se preocupan por él, pero para las personas que lo cuidan la carga puede ser todo un desafío. Serenidad y paciencia son palabras clave para afrontar lo que esta situación implica.

En primer lugar, uno debe informarse ampliamente sobre la enfermedad, paso que usted ya está dando desde que está leyendo este libro. En segundo, saber que no es nada fácil y que el elemento más importante para llevar a cabo esta tarea es el amor.

El familiar que cuida al deprimido no sólo tiene que hacer frente a las responsabilidades que esto conlleva, sino también muchas veces tiene que asumir el control de tareas que el enfermo no puede manejar durante el tiempo que dure el episodio. Cuando se trata de una joven madre, hay que encargarse también de atender las necesidades de los niños, lo cual no es fácil ya que, además de sus actividades de rutina, también se ven emocionalmente afectados por el padecimiento de la mamá. En el caso de tratarse de un esposo que mantiene a la familia, se presenta el problema financiero ya que él no podrá trabajar.

> Mi hermano vive solo. Cuando vimos que les desconectaron la luz y el teléfono por falta de pago entendimos lo grave de su Depresión y decidimos traerlo a nuestra casa. No sólo su departamento era un desastre, había dejado pasar la fecha de verificación de su auto, los pagos de sus créditos y todos los impuestos. Entre multas y recargos todo costó un dineral. Ahora ya sabemos que más vale encargarnos de todo cuando padece un episodio depresivo. Tenemos una lista de todo lo que hay que vigilar cuando él deja de funcionar.

Dignidad y respeto

No importa qué descabellado nos parezca lo que el enfermo dice o hace. Es necesario tratarlo con respeto y dignidad. Uno no debe confundir los síntomas de la enfermedad con cambios de carácter. Es importante recordar todo el tiempo que la apatía, la falta de expresión de afecto y las demás actitudes de un enfermo depresivo son *síntomas*, no decisiones que él toma para fastidiarnos.

Empatía y comprensión

Un individuo con un episodio depresivo requiere la empatía y la compasión que se muestran simplemente estando ahí. A veces sólo hacerle compañía y dejarle ver que uno está pendiente de él aunque parezca no importarle es lo único que uno puede hacer. Que sepa todo el tiempo que usted está ahí y que le importa. Lo mejor que uno puede hacer es expresar su preocupación y reconocer su dolor. No le diga que usted sabe cómo se siente porque no lo sabe y esto no ayuda. Tampoco utilice comparaciones como decirle: "Mira, fulanita sí que está mal porque tiene cáncer terminal". Esto no le ayudará y lo hundirá más.

> Mi tía vino a visitar a mi mamá cuando estaba deprimida, cosa que le agradecemos. Sin embargo, queriendo sacarla de su Depresión, le comentó que una amiga de las dos acababa de morir después de haber estado convaleciendo dos semanas. La reacción de mi mamá fue terrible. Se puso a llorar y a decir cosas como que ella era quien debería morir, no su amiga, que era una gran persona. Al día siguiente la encontré llorando otra vez porque se sentía tremendamente culpable por no haber ido a ver a su amiga.

Escuchar sin preguntar

Si el enfermo deprimido desea hablar, lo mejor es escucharle, pero no hay que tratar de forzarle a exteriorizar lo que siente. No hay que hacerle preguntas que supongan una intrusión en su situación. Saber escuchar es un arte que se practica poco; sin embargo, se puede aprender y para quien tiene problemas significa mucho.

Cuando alguien que la está pasando verdaderamente mal quiere hablar, lo que necesita es descargar sus emociones, de la misma manera en que es necesario sacar la basura del hogar para que no se acumule. Pocos tienen la suerte de contar con alguien cercano que está dispuesto a escucharlos y además sabe hacerlo. A la larga, la mejor amiga o amigo es quien supo escuchar.

La pregunta es ¿cómo se da este regalo de escuchar? Los psiquiatras y psicólogos hemos tenido que aprender a practicar el valioso arte de saber escuchar. Más de la mitad del tiempo de la práctica terapéutica consiste en escuchar. Pero no se requiere ser terapeuta para lograrlo, se necesita, más que nada, respeto. Cuando el otro expresa un sentimiento solemos cometer muchos errores, como juzgarlo, interrumpirlo, callarlo, contradecirlo, aconsejarlo, darle la razón, acelerar su discurso finalizando su oración con alguna palabra, demostrar que uno tiene prisa, nulificar sus experiencias con frases como "eso no es nada, hay cosas peores...", criticarlo, desviar el tema o no prestar atención. Todo menos escuchar. Esto lo aparta de nosotros y lo fuerza a reprimir aquello que está sintiendo. No es fácil escuchar palabras pesimistas una y otra vez. Uno quiere ayudar y se ve tentado a decir cosas como: "No tienes razón" o "no tienes motivos para ponerte tan triste". Este tipo de comentarios no le subirán el ánimo porque la verdad es que sí tiene razón y tiene motivos: la enfermedad. Contradecirlo sólo conseguirá que se sienta incomprendido y solo porque lo único que sí sabe es que está sufriendo y mucho.

Cuando una persona está siendo realmente escuchada, se siente libre para descargar la turbulencia emocional, suelta todo aquello que le está afectando y se va tranquilizando. En terapia llamamos a esto catarsis. Yo lo comparo con el acto de devolver el estómago. Uno tiene que echar afuera todo lo que está adentro para liberarse de aquello que está envenenando al organismo. Una vez que todo ha salido, se recupera el bienestar. Después de sacar todo aquello que se está sintiendo, la situación problemática comienza a verse con mayor claridad.

Un amigo o familiar que sabe escuchar en realidad no hace mucho, sólo está ahí atento, respetando todo lo que escucha sin intervenir. Pero saber escuchar también implica ser confiable. Quien se abre para expresar sus sentimientos requiere confiar en la persona que lo escucha. Lo que nos está confiando debe quedar guardado en la más estricta discreción. De otro modo, el otro se sentirá traicionado y con toda razón. No es necesario que se nos pida silencio, éste debe darse por un hecho.

Las madres viven ocupándose de que sus hijos tengan una buena nutrición y un buen desarrollo físico e intelectual. Pocas son las que ponen atención a lo que sus niños quieren expresar y es común que no se enteren cuando el menor se siente solo y depresivo. Así, estos niños crecen buscando alguien que los escuche. El problema es que difícilmente lo encuentran en un mundo en el que todos hablan mucho pero nadie escucha. Se dice que la naturaleza nos dio dos oídos y una sola boca para escuchar el doble de lo que decimos.

No se lo tome como algo personal

Es parte de la enfermedad que el enfermo permanezca aislado y poco comunicativo. Es importante no tomar esta actitud como algo personal. La gente deprimida puede mostrarse desagradable y no querer comunicarse. También puede interpretar sus acciones y preocupaciones como una interferencia o una necedad. Algunos enfermos expresan frases negativas una y otra vez como: "Me quiero morir" o "Esta vida es una porquería". Llega un momento en que quien escucha esto se harta y se puede sentir muy enojado. Quien cuida a un deprimido debe estar consciente de que nada de lo que dice es una agresión contra él y repetir mentalmente aquella frase de sabiduría china: "Esto pasará". Debido a la enfermedad, el individuo no puede pensar en los demás. Se encuentra consumido por un dolor emocional insoportable. Recuerde que el trastorno bipolar y sus síntomas son totalmente involuntarios.

Puede ser que el enfermo culpe a la persona que lo cuida de su malestar. Simplemente no deje que esto le hiera. Usted sabe que es la enfermedad la que está hablando. Discutir el asunto tampoco tiene mucho sentido.

Ofrecer apoyo

Es importante que el deprimido sepa que sus familiares están queriendo darle apoyo. Es bueno preguntarle cómo le pueden ayudar. Tal vez no obtenga una respuesta específica, pero él o ella sabrá que están deseando apoyarle. Se le pueden dar esperanzas recordándole que su padecimiento es tratable, que los medicamentos tardan en hacer efecto, pero que conseguirá estar mejor. No lo abandone sólo porque se encierre en su habitación y no se muestre comunicativo.

Cuando hable con él, utilice palabras claras. Trate de que sus frases sean cortas y directas. Las largas explicaciones son difíciles de interpretar por alguien que está sufriendo un episodio. Muchas veces no pueden seguir el hilo de la conversación y retiran su atención. Mantenga el contenido de lo que dice lo más simple posible. No hable en voz alta ni se muestre insistente. Si siente que no le está escuchando en lo absoluto, desista y vuelva a intentarlo más tarde. Asuma que una buena cantidad de lo que se le dice no será retenida. Sea paciente si tiene que repetir algo varias veces. Sea amable pero firme.

Evite los pleitos y discusiones. Durante un episodio son inútiles y harán que se sienta peor. Tampoco es momento para correcciones y castigos porque no obtendrá ningún resultado. La mejor manera de influir en su comportamiento es ignorar las actitudes negativas y alabar las positivas. Es muy probable que quiera repetir aquellos actos por los que recibe reconocimiento y aprobación.

Muchos pacientes con Depresión se sienten culpables por no poderse levantar y atender sus responsabilidades. Conviene asegurarles que no es su culpa y que cuando se recuperen podrán hacer todo de nuevo.

Testimonio de una mujer de 28 años

Mi enfermedad apareció a los dieciséis años, al poco tiempo de llegar a la Ciudad de México después de haber vivido toda mi infancia en Veracruz. Cuando llegamos a la capital en autobús, todo lo que veía me parecía feo, las calles sucias, los edificios amontonados y casi nada de verde. La gente se veía sin alegría, como disgustada y nuestro departamento me pareció muy pequeño. Afuera, para mí todo era gris. En la escuela yo desentonaba, era un bicho raro, una provinciana. Mis compañeras no eran malas conmigo, pero yo no sabía cómo acercarme a ellas, me autoexcluía. Mi ropa era ridícula. Ellas se compraban la ropa en lugares caros, yo heredaba la de mi hermana. Las clases eran muy diferentes a lo que estaba acostumbrada y con trabajos logré aprobarlo todo. Estaba exhausta, se me hizo todo demasiado duro y lo peor de todo era que me sentía muy sola. Sólo mi hermana parecía comprenderme. Empecé a angustiarme y por primera vez dije que ya no podía más. Dejé de ir al colegio y mis papás no quisieron forzarme, veían que estaba sufriendo, pero no comprendían qué me pasaba.

Finalmente me llevaron con un psiquiatra, que me recetó unas pastillas. No creía que unas píldoras fueran a aliviar la tristeza tan grande que tenía. Perdí el año y me sentía fracasada. La Depresión fue como estar envuelta en una nube triste y opaca. Mi casa también era deprimente. En una de ésas me puse a limpiar el clóset, un hecho insignificante, pero el primero que me propuse hacer y fui capaz de llevar a cabo en varias semanas. Esto supuso un esfuerzo enorme. En esos días empecé mejorar. La Depresión había pasado.

Retomé mis estudios en otro colegio. Volví a ser capaz de concentrarme, cosa que había perdido por completo en la Depresión. Por fin pude hacer amigas y era aceptada. Empecé a ir una alberca cerca de mi casa. Al principio nadaba una hora tres veces por semana, después iba diario. La hora se fue alargando y cada día nadaba por más tiempo. Un día, sólo seguí nadando sin parar y llamaron a mis papás. Mis recuerdos son borrosos. Cuando me forzaron a detenerme quería gritar. Recuerdo que ya camino a la casa tenía delirios y me quería tirar del coche en movimiento. Mi mamá me agarraba con fuerza y lloraba mientras mi papá manejaba rumbo al Hospital Español. Ahí los delirios continuaron, no podía comer y mi sufrimiento era insoportable. Me tuvieron que inyectar y ya no supe más por ese día. Cuando desperté al día siguiente me escapé y volví a la alberca. Empecé a nadar vestida hasta que nuevamente aparecieron mis papás. Yo ya no sabía dónde me encontraba. Volví al hospital a un área vigilada, donde estuve más de dos semanas hasta que pasó la locura. La experiencia de esos días fue terrible y el recuerdo todavía peor. Mi mente lo transformaba todo creando un infierno. Después regresé con mi familia con un diagnóstico de enfermedad bipolar.

Aunque tomaba mis medicamentos puntualmente (mi mamá se encargó de eso) seguí teniendo episodios de Depresión y de Manía. Las crisis irrumpían arrasando con todo. Mi cabeza se perdía en laberintos de locura. Mis propios pensamientos me torturaban. Odio las emociones tan dañinas e incontrolables, tan crueles. Imágenes espantosas aparecían en mi mente y no las podía detener. Sólo recuerdo lo feo y el dolor era insoportable hasta que me perdía en la nada. Después, despertaba de nuevo en el hospital.

He sido internada ocho veces. Los episodios se han ido espaciando, pero siempre regresan. Ahora llevo nueve meses sin pasar una crisis grave. Esto para mí es un récord, pero no canto victoria. Sé que lo mío es incurable pero "tratable". Me reúno con otros amigos que tienen la misma enfermedad y eso me ha servido mucho, al menos no estoy sola.

Siento que he perdido mucho en la vida junto con todas las cosas que dejé de hacer. Sin embargo, la enfermedad también me ha traído cosas buenas, como el darme cuenta de que tengo una familia amorosa que me ha dado todo el apoyo todo el tiempo.

Afirmar su valor

Quien padece una Depresión suele sentir que no vale nada y que su vida es todo un fracaso. Es importante recordarle todo lo que significa para uno, así como sus cualidades, sus capacidades y sus logros. Es probable que el enfermo haga mucho hincapié en sus fallos, fracasos y defectos una y otra vez. Hay que tener paciencia y no tirar la toalla si uno tiene que repetir este refuerzo positivo muchas veces; simplemente hay que continuar haciéndolo mientras dure la Depresión. Un episodio depresivo no es momento para críticas ni agresiones, mucho menos discusiones de ningún tipo. Quien está lidiando con la enfermedad bipolar se encuentra en un estado emocional muy vulnerable. No es capaz de defenderse de ataques personales. El apoyo también consiste en respetar, proteger y elevar su baja autoestima.

Mantener el sentido del humor

Es bueno utilizar el sentido del humor para aligerar la tensión, pero nunca hay que hacer bromas a costa del enfermo. La frustración que uno puede sentir frente a un deprimido puede llegar a provocar mucho enojo. Es importante no desahogarse en su presencia ni centrar el enojo en él o ella.

> Mi nieto venía todas las noches a ver a su abuela mientras estuvo deprimida. Siempre llegaba y le decía que venía por ella para ir a bailar a un antro. Esto la hacía reír. Su reacción era mucho más positiva que cuando otros aparecían y le preguntaban cómo se encontraba. La respuesta invariablemente era que estaba muy mal.

Un episodio depresivo tampoco es momento para que usted le cuente sus propios problemas, esto sólo hará que se deprima más. Lo mismo ocurre con los noticieros, especialmente los de la televisión (que se centran en las malas noticias), no es recomendable que los esté viendo. No se trata de engañarle diciéndole que todo está bien, sino de evitar que esté expuesto a acontecimientos trágicos o lamentables. Con frecuencia, como el individuo deprimido pasa días sin salir de su habitación, sus familiares le ponen un televisor para que se entretenga mientras no se le puede acompañar.

> Nos dimos cuenta de que mi mamá veía los noticieros y se deprimía todavía más, así que le conseguimos todas las películas de Cantinflas y se las poníamos. Ella decía que le daba igual, que ni se enteraba de lo que pasaba en la televisión, pero vimos que su ánimo mejoraba.

Fomentar una vida saludable

El sujeto con Depresión tiende a abandonarse. Descuida su alimentación, su higiene y su salud. Es bueno sugerirle, sin insistir ni forzarlo, a realizar actividades sanas, como salir a caminar o visitar a familiares o amigos. Uno no debe esperar resultados antes de que el medicamento empiece a hacer efecto, pero es bueno recordarle la importancia del ejercicio, de una dieta sana, la higiene y el arreglo personal.

Aprender qué le hace sentirse mejor

Como ya explicamos, usted no podrá sacar a su familiar de una Depresión sin ayuda del medicamento. Sin embargo, así como hay cosas que empeoran el estado depresivo como las malas noticias, puede haber otras que lo aligeren.

> Nos dimos cuenta que el único momento del día en que mi papá se sentaba derecho y parecía más despierto era cuando mi hermana le traía a su nieto de cinco meses. Le pedimos que lo trajera todos los días por unos minutos. Mi papá esperaba ese momento, era lo único que esperaba. Fue teniendo al bebé enfrente cuando expresó su primera sonrisa y supimos que el medicamento empezaba a hacer efecto.

Algo similar ocurría con una adolescente de 15 años. Ella tenía un perro que por regla no entraba a la casa. Niña y perro se adoraban mutuamente. Primero, a sus papás les llamó la atención que, cuando ella estaba en lo peor de su Depresión, el perro estaba muy triste y casi no comía. Al papá le preocupó que el animal se muriera porque iba a ser una noticia fatal para la niña, así que le permitió entrar a verla. El perro se animó y la niña, después de dos días en cama, se levantó y empezó a hablar con él, cosa que no hacía con nadie más. Ahora reconocen que el perro consiguió lo que nadie había podido: que se comunicara.

> Parece mentira, pero fue el perro de mi hija el que me enseñó a escuchar. El animal sólo estaba ahí, completamente con ella, in-

condicional, queriéndola sin sugerir nada, sin que pareciera importarle que no se arreglara. Sólo escuchaba.

Ante el riesgo de suicidio

No toda la gente que padece un episodio depresivo tiene ideas suicidas; sin embargo, en el trastorno bipolar, el riesgo de suicidio es muy alto. Cuando además de la enfermedad existe una historia familiar de suicidios, el riesgo es mucho mayor. Pocos enfermos expresan abiertamente sus deseos de quitarse la vida; la mayoría pasa horas rumiando el pensamiento de suicidio sin contárselo a nadie. Así, cuando lo llega a cometer, parece un acto impulsivo completamente inesperado para la familia. Sin embargo, la mayoría de quienes desean suicidarse lo planea de antemano, así como la forma y el momento en que lo hará. Sus intenciones pueden expresarse de manera sutil. Es importante mantenerse alerta a las señales que indican estos deseos. Entre éstas se encuentran los sentimientos de desesperanza y falta de valía; angustia y desesperación; preocupación por la muerte u otros asuntos relacionados; aislamiento social; un aumento en toma de riesgos, como conducir a gran velocidad, jugar con armas o beber en exceso; un repentino ordenamiento de asuntos, como hacer un testamento o repartir sus posesiones; una actitud de "ya nada me importa", o conversaciones en las que se percibe una especie de despedida.

> Mi esposó se llevó a mi hijo de ocho años a una excursión para platicar con él. Esto parecía una señal de mejoría. Le estuvo dando consejos para la vida y regresaron, aparentemente muy contentos. Esa noche se fue a su oficina y se suicidó.

Ante esta posibilidad uno debe remover cualquier arma, medicamentos y drogas a su alcance, venenos como raticidas y cualquier vehículo peligroso, como automóviles o motocicletas; controlar la cantidad de medicamentos prescritos para evitar una sobredosis, pero al mismo tiempo asegurarse de que sí está tomando lo indicado por su médico. Habrá que evaluar bien la situación junto con el psiquiatra para considerar la hospitalización o una constante supervisión. En este caso, la intrusión puede parecer una falta de respeto al individuo; sin embargo, recuerde que está salvando su vida, por lo que habrá que mantenerse firme.

Si el enfermo ya ha ingerido un veneno o una sobredosis no espere: llévelo a un hospital o pida una ambulancia. Asegúrese de indicar al médico qué fue lo que tomó y de ser posible cuál fue la cantidad. Esta información es muy importante. También diga al médico que se trata de un enfermo maníaco-depresivo, que esto es consecuencia de un episodio depresivo e indíquele qué medicamentos le han sido recetados. En cuanto pueda póngase en contacto con su psiquiatra e infórmele de la situación.

Cuando sospeche que su familiar está teniendo ideas suicidas, tómeselo muy en serio. El peligro es real y el asunto requiere acción inmediata. No piense que no lo va a hacer "porque no tiene motivos graves para quitarse la vida". No se trata de qué tan graves sean sus problemas, sino de lo terriblemente mal que se está sintiendo, de lo mucho que está sufriendo. Lo que el suicida quiere en realidad es terminar con el sufrimiento y no puede ver otra salida más que la muerte.

El comportamiento suicida debe verse como una llamada de socorro y es momento de tenderle la mano. Por desgracia, la mayoría de la gente con ideas de suicidio prefiere no comunicarlo abiertamente. El tema del suicidio es un tabú en la sociedad, algo de lo que nadie quiere hablar. Debido al estigma social, el deprimido calla sus ideas suicidas creyendo que van a pensar que está loco y va a ser rechazado. Esto sólo aumentaría su dolor aún más cuando lo que desea es acabar con él. Toda la ayuda que se le preste deberá estar enfocada a reducir su sufrimiento en la mayor medida posible, en lugar de aumentarlo. Mucha gente no puede expresar lo desesperada que se siente simplemente porque no puede ponerlo en palabras, ni encuentra la manera de describir su sufrimiento. Pero siempre hay señales que uno puede detectar. Un enfermo deprimido puede ocultar sus sentimientos y tratar de aparentar que se encuentra bien. Sin embargo, es posible que se le escape un comentario como "salgo sobrando" o "quién sabe si estaré aquí el año entrante". Quien realmente conoce al enfermo se dará cuenta cuando sus comentarios se salgan de lo normal, aunque los diga en broma.

Muchas veces la mejor manera de ayudar es estar ahí y sólo escuchar, no importa qué tan descabellado se oiga lo que diga el enfermo. Hay que darle la oportunidad de expresar sus preocupaciones y descargar sentimientos sin contradecirle y sin ofrecerle consejos. Un error que se comete con frecuencia cuando alguien dice: "Me quiero morir" es decirle: "No digas eso". Esto no ayuda, sólo hará que el enfermo se guarde sus sentimientos para él solo. Es un hecho que las ideas de suicidio están en su mente y lo mejor que uno puede hacer es permitir que las exprese mostrando respeto y seriedad. No lo juzgue, no se muestre enojado con él, no lo haga sentir culpable, no minimice sus sentimientos ni trate de hacerle ver que no tiene razón. No se puede convencer a un deprimido de que no esté triste, de igual manera que no se puede convencer a un inválido de que se ponga de pie.

El enfermo deprimido siente una soledad abrumadora, no importa si tiene una gran familia y muchos amigos que lo quieren. Si no están a su lado es como si no existieran en absoluto. No pide cariño, comprensión y afecto, pero los necesita desesperadamente. Éste es el momento en que deben ser expresados sin importar su reacción. Muéstrele cuánto lo quiere, dígaselo una y otra vez. El amor puede salvarle la vida.

Ayudar a quien tiene ideas suicidas requiere mucha paciencia. Antes que nada, no hay que dejarlo solo, quiera hablar o no. Contar con ayuda profesional también es indispensable aunque el enfermo le pida que no llame al médico. Nunca trate de enfrentar una situación así usted solo.

Es muy doloroso perder a un ser querido por suicidio. Además del dolor de la pérdida, uno se ve asaltado por sentimientos de culpa pensando que tal vez lo pudo haber visto venir e impedirlo. Además, también surge el enojo contra el que se quitó la vida y esto genera más culpa. Es necesario aceptar que no se puede cambiar lo ocurrido. Los tormentosos sentimientos de culpa no lo harán y no sirven para nada más que para aprisionarlo a uno en el sufrimiento. Lo mejor es reconocer que uno está muy enojado con lo que sucedió, aceptar este sentimiento y dar el siguiente paso en el proceso del duelo.

La palabra *duelo* viene del latín *dõlus*, que significa dolor. Se trata de una respuesta emocional ante la pérdida de un ser querido que alcanza dimensiones físicas, sociales y cognitivas. Esta reacción ante la pérdida es individual. La intensidad y duración varían según el apego que se tenía al ser que falleció y el tipo de muerte que tuvo. Además, se ve influenciada por la personalidad, la familia, la cultura y las creencias religiosas.

Aunque el duelo es una reacción normal después de la muerte de un ser querido, supone un proceso más o menos largo y doloroso de adaptación a la nueva situación. En el caso de la defunción de una persona muy querida puede durar hasta tres años.

El proceso conlleva varias etapas. La primera es de sorpresa y suele involucrar una sensación de irrealidad y despersonalización en la que uno es incapaz de reaccionar. Una reacción habitual es la negación. Puede ser tal la incredulidad que uno piensa y actúa como si el ser querido continuara vivo.

Después, al empezar a aceptar el hecho, es probable que aparezca el enojo contra la vida, la enfermedad, Dios o contra todo. Aquí el dolor ya es muy grande.

El sentimiento más común es la tristeza y se puede expresar en forma de llanto, pena, melancolía y nostalgia. También es posible sentir miedo y angustia sobre todo si se tenía algún tipo de dependencia, lo cual provoca una sensación de desamparo, y tener que volver a definir la propia vida y hasta la identidad.

Hay quien se ve invadido por sentimientos de culpa porque no le dijo al difunto que lo amaba o no le dio lo suficiente. El extrañar al ser querido puede ser muy doloroso y provocar sentimientos de soledad angustiantes. Acostumbrarse a una vida sin el otro puede llevar tiempo.

Mientras uno se adapta a la nueva situación, los cambios de humor pueden ser drásticos e imprevisibles. Ciertos individuos presentan síntomas asociados a un episodio depresivo mayor, como la melancolía, el insomnio y la pérdida de peso. Esto es normal a menos que la condición persista más de dos meses. Cuando se tienen pensamientos de muerte con ideas de suicidio o un deterioro funcional acusado y prolongado, es necesario consultar a un profesional.

La muerte de un hijo o una hija es una de las experiencias más duras, difíciles y dolorosas que puede sufrir un ser humano, más aún cuando se trató de un suicidio. Es un hecho tan devastador que muchos dicen que es como una mutilación. Se trata de una pérdida que difícilmente se supera; más bien se tiene que asimilar y aprender a vivir con ella. Los padres se sienten responsables de la protección de sus hijos y su suicidio puede ser vivido como un fracaso y con gran culpabilidad. En este caso lo mejor es pedir ayuda.

Un momento difícil puede presentarse varios meses después de la pérdida, cuando los demás comienzan a pensar que uno ya tiene que haberse recuperado. La sensación de soledad se acentúa cuando ya no parece importarle a nadie.

No se puede esquivar el dolor, no se le puede ignorar una vez que se presenta. Tarde o temprano, todos tenemos que llorar la pérdida de un ser querido. El dolor debe aceptarse y experimentarse. Si no se le reconoce es imposible aliviarlo. El duelo se tiene que vivir. Tratar de evitarlo con distracciones sólo alarga el proceso. Lo mejor es permitirse sentir y expresar el dolor, la tristeza, la rabia, el miedo. Con el tiempo, el dolor irá disminuyendo.

Vivir el proceso del duelo significa permitirse experimentar todo el dolor y la frustración. La experiencia no termina ni se completa hasta que uno es capaz de recordar al ser querido sin sufrir.

Testimonio de una madre

Ahora trato de hacer una reflexión para que la muerte de mi hija no sea inútil.

Me invaden los "hubieras": si yo hubiera podido ser un refugio para ella en el momento en que la invadían los pesares, como ella lo fue para mí; si hubiera tenido las palabras justas y adecuadas para hacerla reflexionar, como tantas veces ella lo hizo conmigo; si hubiera podido darle un abrazo largo y acogedor en ese su último día para reconfortarla y hacerla sentir amada y acompañada, como ella lo hizo tantas veces conmigo, quizá esto no hubiera sucedido, o ¿tal vez sí?, ¿así tan devastadora es la Depresión? ¿Por qué, si para mí ella fue y será el sentido de mi vida en presencia y en ausencia, no pude ser para ella ni siquiera un refugio temporal, al menos algo de qué sostenerse para dar el siguiente paso?

Le dije tantas veces: "Cuenta conmigo para lo que sea. En cualquier momento, en cualquier lugar, como sea, yo estaré ahí para ti". Muchas veces le pedí perdón por mis incapacidades y faltas como madre, y también le agradecí lo que aprendía de ella día a día: amor, compromiso, lealtad, entrega, fuerza, tenacidad. Todo eso tenía ella y más en esa montaña rusa en que se convirtió su vida, luchando por vivir día a día, deseando encontrar su sitio en este mundo y tener hijos, cosa que se convirtió en su meta. ¿Así es la Depresión?

No encuentro consuelo en esta espantosa y devastadora experiencia. Aquí y ahora el daño es total con ese valor absoluto.

Como en las matemáticas: absoluto es absoluto. La tristeza, el desconsuelo, el apego, la ausencia, el dolor, todo esto me tiene rebasada, paralizada, incapaz de sentir y pensar en otra cosa.

En esta experiencia siento que hubo dos grandes perdedoras, ella que perdió la vida y yo que la perdí a ella.

¿La tarea? Recuperarme, pero ¿cómo?, ¿cómo despedirme de ella? No quiero, no puedo, no la quiero dejar ir.

¿La aceptación? ¿Cómo llegar a ella? ¿Cómo aceptar la muerte de un hijo? ¿Cómo derrotarse ante un poder superior y aceptar un hecho tan absoluto? Tan absoluto como que ya no la voy a volver a ver. A esa mujer tan preciosa, con un cuerpo hermoso, y sus ojos, esos ojos que me decían tantas cosas, en los que había tantos sueños, esperanza, tristeza, alegría, amor. Todo eso me decían sus ojos con tan sólo mirarlos.

No voy a volver a oír el tono de su voz, esa voz tan dulce que me decía te quiero, que me decía "mamá", que me decía las palabras exactas para hacerme sentir tan querida, tan amada, tan completa, tan mamá.

No voy a volver a oler ese aroma siempre limpio, fresco de su cuerpo acabado de bañar o a sudor cuando estábamos haciendo alguna tarea.

No la voy a volver a tocar. No voy a volver a abrazarla y a tocar su piel ni a darle un masaje como cuando le dolía porque tenía escoliosis; no a sobarle la nalga como cuando le ponía una inyección; ni acariciar sus manos, esas manos tan hermosas con dedos largos, esa piel tan joven y tan tersa.

No la voy a volver a gustar como cuando le daba un beso y me quedaba el gusto de su piel en la boca.

Nada de eso voy a volver a tener. Y otra cosa, como remate, como si no fuera suficiente, a mí ya nadie me va a decir mamá, nunca.

Siempre pensé que había palabras que no deberían existir como el *nunca* o el *siempre*, porque implicaban valores totales y había algo que hacer para que no fueran totales, pero, tonta de mí, nunca va volver a estar conmigo y siempre la voy a extrañar, con esos valores totales y absolutos.

Vuelvo a lo de la aceptación. ¿Cómo aceptar esto? ¿Para qué? No creo poder encontrar un "para" en todo esto o ¿quizá sí? Ella ya no quería vivir en este plano terrenal y ahora ¿está donde quería estar?, ¿entre las nubes, en la punta de una estrella o cambiando impresiones con los mayas en ese Riviera maya que tanto amó? y ¿está feliz? Y yo aquí sufriendo. Egoísta de mí, ¿la quiero conmigo aunque ella no estaba bien?, ¿ésa es la fe?, ¿ese sueño mágico que me va a llevar a la aceptación? Tal vez.

¿Un sentido de vida?, ¿una misión para honrar su memoria? Quizá esa misión no sea ayudar a gente que está y se siente como yo. Tal vez la misión sea hacer ver a los padres que aún tienen a sus hijos que deben disfrutarlos cada día. Besarlos, abrazarlos, mirarlos, oírlos, tocarlos y disfrutar todos los momentos posibles con ellos porque, ni en sus peores pesadillas piensan que pueden perderlos, y así puede ser.

La mayoría de los padres se esfuerzan año tras año por tener hijos triunfadores. Desean hijos hermosos y hasta se sienten orgullosos cuando son güeritos. Se esfuerzan por comprarles las mejores ropas. La lección sería: ¿por qué no desear tan sólo para los hijos que sean felices?, quererlos incondicionalmente sean como sean y que en la vida sean lo que ellos quieran ser. Amarlos simplemente porque son nuestros hijos y son ellos los que le dan sentido a nuestra vida.

Mi hija no quería cosas extraordinarias. No quería una gran casa, quería un hogar. No quería un coche del año, sólo un medio de transporte, tampoco viajes lujosos, solamente paseos con quienes ella amaba. Sólo deseaba con vehemencia poder tener hijos y, en esa larga lucha entre calendarios, horarios, hormonas, reposo absoluto y más espera, su vida se convirtió en un ir y venir de desesperanzas, sueños, desilusiones, estrés. Tan fácil que es para miles de mujeres tener hijos y hasta los regalan, los abandonan, los tiran a la basura, ¿por qué ella no podía tener al menos uno?

Ella deseaba tener un refugio para perros, que se cuidara la naturaleza, que no hubiera matanzas de focas, delfines, ballenas y, en general, que no se maltrate a los animales. La hacía llorar poder hacer poco contra el hambre, especialmente en los niños de la sierra de Guerrero, de Chiapas, de la sierra Taraumara o de África. Ella sólo quería vivir tranquila con sus hijos, con el amor de su esposo y de sus padres.

Todo eso ¿ya lo tiene ella? Ojalá. Tal vez ya se reunió con las almas de sus hijos que pudieron encarnar y está haciendo un refugio para las almas de los perros maltratados y su propia marina en los mares del Caribe para las focas, delfines y ballenas. Ésa es mi fe. Con ese sueño mágico me quedo. También sueño con que un día Dios me dé unas alas mágicas para poder volar entre las estrellas y las nubes entre los rayos de sol, y poder caminar sobre la Luna para poder buscarla y abrazarla, besarla, tocarla, mirarla y olerla de nuevo.

Espero que ese poder superior, que para mí se llama Dios, me ayude para poder llegar a la aceptación, que ahora veo muy lejana, para poder recordar y disfrutar de todos los ratos buenos que pasamos juntas, y poder casi saborear una carne asada en su jardín, y ver sus fotografías con alegría y recordar todo lo que me dio y enseñó.

Desde siempre le doy las gracias por haber sido mi hija. Ésa será mi manera de honrarla, de amarla desde aquí con amor incondicional por siempre y para siempre.

Ante un episodio maníaco

Si el primer episodio depresivo no toma por sorpresa, la aparición de un episodio maníaco lo hace aún más, especialmente si nuestro ser querido ha padecido antes uno o más episodios depresivos. Los primeros síntomas de un episodio maníaco suelen ser un gran engaño para todos: el que lo padece y los que le rodean. Lo primero que vemos es que se siente bien, muy bien. Esto es una buena noticia: uno no acude al médico porque se siente así, a nadie le preocupa. Es hasta que ese sentirse bien empieza a ser demasiado bien y el individuo comienza a dormir menos, aumentar sus actividades o presentar "arranques" de ira o euforia cuando las cosas se salen de control y empieza la inquietud y uno dice: "No es el mismo".

> Estábamos felices de ver nuevamente a nuestro hijo animado. La Depresión lo había hecho perder un semestre en la universidad, pero ahora había retomado los estudios con más entusiasmo que antes. Decía que iba recuperando el tiempo perdido y se inscribió en más materias. Se quedaba estudiando y haciendo trabajos casi toda la noche. Salía corriendo a la universidad y volvía corriendo a la casa para seguir trabajando. Bajaba corriendo a comer con nosotros y platicaba de sus estudios y lo que estaba haciendo, hablando a gran velocidad. De pronto ya no nos empezó a gustar tanta prisa por todo. No había manera de que estuviera quieto, estaba siempre acelerado. Se alteraba por cualquier cosa. Un día empezó a gritarle a mi esposa porque no había leche en la cocina. Ese mismo día en la noche aventó la computadora por las escaleras sólo porque estaba lenta. Entonces reconocimos que algo estaba muy mal y volvimos al psiquiatra.

Al igual que en la Depresión, el episodio maníaco debe ser reconocido desde sus inicios. La primera vez nos tomará por sorpresa, pero la segunda puede verse venir y minimizar sus efectos.

Monitorear su comportamiento

Estar atento a los cambios de comportamiento en un enfermo bipolar es la base para detectar a tiempo el anuncio de un episodio. Sin embargo, uno debe aprender a monitorearlo discretamente, sin estar encima de él. Estamos hablando de observar y reconocer lo que es. Poner atención a cualquier actitud extravagante o riesgosa, la rapidez de su lenguaje o cualquier comportamiento extraño que haya presentado antes de los episodios anteriores. Hay que recordar que todos tenemos cambios de humor y de estados de ánimo. Aquí, la línea entre la normalidad y lo patológico es muy delgada. Uno no debe preocuparse sólo porque un día se le ve contento o porque se ve algo triste. Es necesario aprender y detectar dónde se está cruzando la línea, dónde la situación está dejando el terreno de la normalidad. Aquí estamos hablando de lo que es normal para ese individuo, lo que corresponde a su carácter habitual, a sus gustos y manera de ser. Un aumento o inicio en el consumo de estimulantes como café, cigarro, alcohol, drogas ilegales o recetadas es un claro indicio de que hay problemas. Es común que abusen de alguna sustancia en un intento de revertir lo que están sintiendo; sin embargo, el uso de estas drogas puede disminuir el efecto de los medicamentos y potencialmente provocar un cambio drástico en su estado de ánimo.

Hay factores externos que pueden detonar un episodio latente. Es importante aclarar que estos factores no son los que provocan un episodio, es la enfermedad. Cuando algo que ocurre en el ambiente como puede ser una noticia drástica detona un episodio, solamente está abriendo la puerta a algo que ya está ahí. En este sentido, uno puede observar la diferencia entre una reacción normal del individuo y otra que se sale de control.

Qué hacer en una crisis

Cuando el comportamiento de quien está teniendo un episodio maníaco se sale de control, uno debe mantener la calma. Esto significa mantener la cabeza fría sin olvidar que lo que uno está presenciando es el síntoma de una enfermedad.

Mantener la calma es algo que se practica en cada oportunidad que se presente. Es casi imposible lograrlo por primera vez frente a un episodio maníaco. Como es algo que va a necesitar, lo mejor es practicarlo constantemente ante situaciones triviales, como un embotellamiento, un apagón o la detonación de una alarma.

Si su familiar está teniendo un arranque de ira, escúchelo, permítale ventilar y descargar su enojo verbalmente sin contradecirle. Esto lo hará sentirse mejor. Trate de determinar si la ira es completamente irracional y, por lo tanto, es un síntoma de la enfermedad, o si existe una causa real. Si le queda claro que es irracional, recuerde que esta demostración es más una súplica de ayuda que una agresión injustificada. No estamos hablando de permitir agresiones físicas, sólo verbales. Si detecta una situación peligrosa pida ayuda. Esperar que esto no suceda no evitará que se pueda dar. Lo mejor es considerar la posibilidad de antemano y tener un plan de emergencia, saber de antemano qué va a hacer, a quién va a acudir para protegerse usted y a los demás. Un arranque de euforia exagerada también es una crisis; recuerde que su familiar puede poner en riesgo su vida y la de otros.

Háblele con calma y lo más claramente que pueda. No muestre su miedo ni su angustia, ya que esto puede aumentar la crisis. Permanezca lo más calmado que pueda. Si tiene que fingir, hágalo. Puede decirle que su actitud le está inquietando, pero no discuta esas ideas irracionales; en ese momento no tiene sentido. Reconozca sus sentimientos y exprésele su disposición para ayudarle, pero acceda a todas su demandas. Mantenga claros los límites y las consecuencias. No se acerque ni lo toque sin que se lo solicite o le dé su consentimiento. Tampoco le haga sentir que lo tiene acorralado.

Espere a que se haya calmado para tocar el tema de su manejo de la ira. Entonces sea claro y directo. No lo haga en forma de reproche, sino más bien como quien está tratando de ayudarle a encontrar una manera de solucionar el problema. Comuníquese con su médico para informarle del suceso de manera que él pueda considerar un cambio en la dosis del medicamento.

No lo juzgue. Una actitud paciente y de aceptación de la situación le dará mejores resultados. Demuestre que le preocupa e invítele a hablar sobre lo que está sintiendo, que perciba que usted lo está tratando de entender. Respete sus sentimientos y tómelos muy en serio, son reales, no importa qué tan exagerados puedan parecerle.

Si sospecha que está teniendo alucinaciones llévelo al hospital más cercano o pida una ambulancia. Contacte a su médico lo antes posible. Lo más probable es que tenga que ser llevado al hospital por la fuerza. Cuando alguien está teniendo un episodio maníaco no se halla consciente de que algo está mal, por lo que es normal que reaccione en forma defensiva. No trate de convencerlo porque será inútil; es mejor pedir ayuda y actuar de inmediato.

Periodos de normalidad (eutimia)

Aun cuando el individuo esté siendo medicado, los fármacos pueden no eliminar por completo todos los episodios (tanto maníacos como depresivos). No hay que contar con eso. Si bien los periodos de normalidad son un gran alivio para todos, son muy importantes para el tratamiento y la recuperación. Hay que aprovecharlos, ya que es el único momento en que se puede hablar racionalmente de la enfermedad con el individuo. Sólo ahí puede entender y aceptar que tiene un problema y tomar la decisión de hacerse responsable. Es entonces cuando podemos plantear sobre los cambios en el comportamiento y la importancia de que acuda al médico cuando los demás los notemos.

En periodos de normalidad, el enfermo puede aprender y entender los efectos de su enfermedad. Es importante que sepa que no es su culpa y que no es responsable por las cosas terribles que pudo haber dicho o hecho; por lo tanto, nadie se encuentra ofendido. Esto le liberará de sentimientos de culpa y ansiedad.

La salud emocional del cuidador

Quienes tienen que enfrentar el reto de cuidar a un deprimido suelen sentir como si su vida se haya puesto en un compás de espera. De pronto, se ven obligados a cambiar sus rutinas, a dejar muchos asuntos pendientes y se sienten atrapados en una situación agotadora. Esto les genera mucho estrés y corren el riesgo de enfermarse. Es importante reconocer los síntomas a tiempo.

Un primer síntoma puede ser la negación. No aceptar la enfermedad y sus efectos sobre su ser querido, sobre uno mismo y sobre la familia no ayuda a solucionar ningún problema. Negar que también uno se siente mal es peor. Mientras se niega una realidad, ésta escala hasta que llega un momento en que todo estalla. El estrés termina por debilitar a todo el organismo y baja las defensas. Caer enfermo mientras está tratando de cuidar a otro enfermo es lo último que quiere.

Mucha gente intenta negar que se siente muy enojada con la enfermedad, con otros que no entienden por lo que uno está pasando, con el médico por no arreglar el problema o hasta con el mundo en general. No se permiten aceptar esta emoción porque les parece negativa e inoportuna, pero sentir enojo es muy normal en situaciones estresantes, sobre todo aquellas que se alargan en el tiempo. No expresar la ira frente al enfermo ni contra él no significa que no esté ahí ni que se deba reprimir. Es necesario aceptarla y buscar una manera de desahogarse sin hacer daño. Algunos han encontrado alivio en el ejercicio y otros golpean una almohada hasta que sacan todo. Un hombre de Chihuahua esperaba a que llegara su hijo, quien lo relevaba para cuidar a su esposa por unas horas. Entonces se alejaba de la casa y se ponía a cortar leña, no importaba que faltara mucho para el invierno, descargaba su enojo gritando y partiendo los troncos que, de cualquier modo, le servirían más adelante. Decía que si no hacía esto, empezaba a sentirse irritado con otros sin justificación.

La ansiedad excesiva y una enorme preocupación por lo que sucederá ahora y en el futuro es un claro síntoma de estrés. Cuidar a alguien deprimido le pone en riesgo de deprimirse también. Además de la tensión que conlleva, es como si la Depresión se contagiara. Una mujer que cuidaba a su hermano decía: "Siento que su tristeza me jala hacia un hoyo negro".

Otro síntoma de estrés es el insomnio, no poder conciliar el sueño en la noche a pesar de encontrarse muy cansado. Muchos familiares de enfermos bipolares relatan que no pueden dormir porque dan vueltas a la cabeza y se preocupan más teniendo pensamientos molestos e innumerables que no cesan de pasar por su mente.

El agotamiento es también un síntoma de estar padeciendo estrés. De pronto se siente demasiado cansado para hacer frente a otro día más; asimismo, empieza a perder su capacidad de concentración, tiene dificultad en mantener la atención en lo que está haciendo y en realizar las tareas cotidianas.

A todo esto se puede sumar el aislamiento social si ha tenido que suspender las actividades sociales que una vez le daban satisfacciones y ha dejado de ver a sus amistades.

Finalmente, la tensión y la frustración comienzan a hacer daño, física y mentalmente.

Los cuidados a uno mismo

La manera en que usted maneje la situación y se cuide a sí mismo durante este periodo difícil puede hacer toda la diferencia en su propia salud y su capacidad de hacer frente a la enfermedad de la persona que quiere. Atender sus propias necesidades no significa en absoluto que usted sea egoísta; al contrario, esto le permitirá ser de más utilidad cuando más se le necesite.

Es importante que solicite ayuda. Usted no es superman ni puede hacerlo solo. Trate de solicitar el apoyo de familiares y amigos. Les puede pedir que le releven un rato o que se encarguen de ciertas tareas específicas. Quienes no están lidiando con esta situación se preocupan por el enfermo, pero probablemente no se den cuenta de que usted también está en riesgo de perder su salud. Uno tiene que hablar y dejarles ver lo difícil que está siendo cuidar al otro. Puede mostrarles este libro para que se den cuenta. Si la gente ofrece la ayuda, entonces no vacile en aceptar.

Acepte todo lo que está sintiendo y expréselo. No juegue a la víctima que se sacrifica en silencio porque esto sólo le llevará a enfermar y llenarse de resentimientos. No espere que otros adivinen sus emociones, ni pretenda actuar como que todo está bien cuando no es así.

Con frecuencia, los familiares de un enfermo depresivo se sienten culpables, ya sea de la situación del enfermo o porque sienten que no están haciendo lo suficiente. Muchos padres creen que la enfermedad de su hijo o hija se debe a algo que hicieron mal en el pasado y se torturan pensando qué pudo ser: si la alimentación, la educación o que no le dieron suficiente cariño. Se dicen cosas como "yo debería haber notado los signos de esto a tiempo para prevenirlo". A veces, la culpa los asalta por haberse enojado o por tener pensamientos negativos. Algunos se sienten mal simplemente por estar sanos mientras el otro está sufriendo. Hay que recordar que nadie es culpable. La culpabilidad no sólo es inútil, desgasta y provoca que no podamos tomar decisiones prácticas y efectivas. Cuando uno se siente culpable, tiende a sobreproteger al otro, causando que se sienta más inútil. Para poder ayudar a alguien con el trastorno bipolar, uno tiene que aprender a pensar de manera más racional y menos dolorosa acerca de la situación. Si en verdad quiere apoyarlo deshágase de la culpa. No se trata de negarla. Primero hay que reconocerla y después examinar las creencias que yacen detrás de ella como: "No merezco descansar cuando mi esposo lo está pasando tan mal" o "no debería estar comiendo este pastel mientras mi hermana no come nada". Pensar racionalmente es afirmar que uno no es culpable de lo que está sucediendo. Después es necesario enfocarse en el presente y lo que viene.

Ofrezca ayuda a quien cuida de un enfermo

> Ayudar al que lo necesita es parte no sólo del deber, sino también de la felicidad.
>
> José Martí

Si usted tiene a alguien cercano que está pasando por esta situación ofrezca la ayuda que pueda dar, ya sea relevarlo por unas horas o encargándose de responsabilidades como ir al banco, a la farmacia o a comprar víveres. Ya sea que cuide un rato a los niños o lleve a su perro a vacunar, cualquier cosa que usted haga será de gran ayuda y un alivio para la tensión que puede estarse acumulando.

La familia

Cuando irrumpe por primera vez el trastorno bipolar, toda la familia enfrenta una situación nueva y desconcertante que altera su ritmo habitual. Con frecuencia hay sentimientos de desesperación y angustia. El trastorno bipolar de uno de sus integrantes afecta a toda la familia de diferentes maneras, especialmente cuando los episodios del enfermo son severos e incluyen agresividad y falta de capacidad para cumplir con sus responsabilidades. Una situación así cambia por completo la vida de todos. El bienestar emocional de toda la familia está en riesgo debido al estrés constante.

Cuando se presentan los primeros episodios y nadie entiende qué está pasando, los familiares suelen enojarse con el enfermo. Más tarde, cuando es diagnosticado, surgen los sentimientos de culpa y la familia empieza a preguntarse si su enojo y reacciones adversas pudieron provocar la enfermedad.

El diagnóstico puede provocar una dolorosa reacción emocional cuando la familia entiende que es probable que el enfermo nunca vuelva a ser como era antes. Esto hace que se pierdan muchas esperanzas y la familia experimenta un tipo de duelo que puede tener periodos de resignación y periodos de enojo con la vida, con Dios, con la naturaleza o con la mala suerte.

Muchas familias con un integrante bipolar viven en constante ansiedad temiendo que, de un momento a otro, éste tenga un nuevo episodio. En ocasiones temen que cualquier exabrupto lo desate y se comportan de manera condescendiente, cuidando de no hacerlo enojar. Esto es un error. En periodos de normalidad, el trato debe ser normal. Conforme él o ella se va recuperando, se le deben ir regresando todas sus responsabilidades en la medida en que vaya siendo capaz de realizarlas. De otro modo, se dañará aún más su autoestima.

Otro temor, especialmente de los hermanos, es el de que la enfermedad pase a sus propios hijos o a tener que cuidar al enfermo en el futuro cuando los padres ya no puedan hacerlo. Con frecuencia, los hermanos de un enfermo maníaco-depresivo ponen distancia de por medio. Se alejan física y emocionalmente de la familia.

Las familias necesitan apoyo para aprender a manejar la ansiedad y hacer su vida lo más agradable posible. La unión familiar, la honestidad y el respeto son la base para ayudar al enfermo a recuperarse y evitar la desintegración, que finalmente afecta a todos.

Algo que puede afectar profundamente a la familia es el estigma social respecto a las enfermedades mentales. Dependiendo del grado cultural de su entorno social, la familia puede sentir una gran vergüenza y aislarse, o sufrir un rechazo social debido al miedo que los ignorantes tienen a los enfermos mentales. Afortunadamente, las creencias absurdas han ido cambiando; sin embargo, en nuestro país existen poblaciones y grupos sociales que se han quedado con ideas arcaicas acerca de las enfermedades mentales. Muchas veces, la misma familia deja de invitar amigos a su casa para que no vean al enfermo durante un episodio. Los miembros de la familia pueden sentirse exhaustos por el tiempo y energía que dedican a asuntos relacionados con la enfermedad y se sienten desmotivados para realizar otras actividades.

Sin importar qué miembro de la familia tenga la enfermedad, las relaciones de sus integrantes cambian afectando los roles. Por ejemplo, si es la madre quien tiene el padecimiento, el padre o uno de los hijos tendrá que encargarse de las responsabilidades de su mamá. Además, se verán en la posición de cuidar de ella, monitorear sus síntomas y vigilar sus medicamentos. Todos los integrantes tendrán que hacer más de lo que comúnmente se espera de ellos.

Cuando alguien ha sido diagnosticado con trastorno bipolar, toda la familia tendrá que hacerse expectativas realistas respecto al futuro del enfermo. Cuando el familiar es llevado al médico, todos esperan un diagnóstico y una solución que termine con el problema, de modo que tanto el enfermo como ellos puedan reasumir su vida normal inmediatamente después del tratamiento. Es hasta después de haber vivido varios episodios con sus respectivos efectos de decepción y frustración cuando empiezan a comprender la naturaleza de este trastorno. Aun bajo tratamiento, nuevos episodios pueden aparecer en cualquier momento, a veces después de muchos meses cuando todo mundo creía que ya todo estaba bien. Los familiares suelen volver a tener expectativas de una vida normal respecto a su pariente y, cuando otro episodio se presenta, el nivel de frustración y enojo es mucho mayor.

Cuando una familia logra aceptar la naturaleza de la enfermedad y establece expectativas claras, se reduce la tensión.

Saben lo que puede ocurrir y planean de antemano las actividades de cada uno. Así, nadie es tomado por sorpresa. Un adolescente que ha aceptado antes que realizará ciertas actividades cuando su madre esté enferma tendrá una mejor disposición para llevarlas a cabo que si se le piden ya en el momento de la crisis. Reducir los niveles de tensión en la familia es muy beneficioso para el enfermo y para todos.

> Mi padre fue diagnosticado con el trastorno bipolar después de tres episodios depresivos y uno maníaco. Los tres fueron un infierno, pero el maníaco fue el peor. Todo en la casa se volvió un caos. Mi mamá dejó de hacer muchas cosas por atender a mi papá y, al mismo tiempo, atender su negocio: una zapatería. La casa se volvió un desastre y todos estábamos enojados con todos. Mi papá fue diagnosticado estando hospitalizado. Unos días antes de que lo dieran de alta, mi mamá nos reunió a los cuatro hijos y nos explicó cómo era la enfermedad y qué podíamos esperar. Entonces hicimos un plan: se hizo una lista de las actividades que mi mamá no podía hacer cuando tuviera que atender la zapatería. La lista incluía atender a mi papá, cosas como estar pendiente de sus medicamentos y acompañarlo. Nos repartimos las tareas y todos estuvimos de acuerdo y aceptamos lo que nos tocaba. Cuando vino el siguiente episodio depresivo no hubo caos, cada quien asumió sus funciones con la confianza de que los demás harían lo suyo. Así hemos podido funcionar. Siempre sabemos que es temporal y no nos angustiamos como antes. Sigue siendo difícil, pero es más llevadero; además, con los medicamentos, todos los episodios son más leves.
>
> Han pasado casi tres años y varios episodios. Cada uno ha sido un reto y hemos sobrevivido bastante bien. Estamos orgullosos de nosotros como familia. Quisiéramos que honestamente no hubiera pasado; sin embargo, ha tenido un beneficio. Nunca antes tuvimos la unión familiar que ahora tenemos y esto vale mucho no sólo porque sabemos que contamos con todos para enfrentar estas crisis, sino también porque todos cuentan con todos.

Cuando toda la familia está bien informada acerca de la enfermedad, el nivel de estrés se reduce considerablemente. Los cambios de temperamento del enfermo son reconocidos como síntomas y vistos como tales. De esta manera se disminuyen pleitos y resentimientos. Además, hace más fácil ayudar al enfermo en su recuperación.

Para poder diseñar un buen plan familiar es indispensable establecer una buena comunicación entre todos los integrantes. Ésta requiere claridad y honestidad: expresar claramente lo que uno siente y lo que piensa sin guardarse nada. Requiere también un gran respeto para escuchar y aceptar los sentimientos e ideas de los demás. Un diálogo se lleva a cabo con calma, en cuanto empiezan los gritos y las agresiones deja de ser diálogo para convertirse en conflicto. Cuando alguien dice que siente enojo, está expresando un hecho y quien escucha ha de aceptarlo. Esto no significa darle razón, pero contradecirle no borra el hecho. Las críticas y las acusaciones tampoco llevan a ningún lado. Sólo cuando los miembros de una familia respetan los sentimientos e ideas de los otros pueden llegar a acuerdos que los beneficiarán a todos.

La pareja

La tensión en una pareja en la que uno de los dos padece del trastorno bipolar puede llegar a ser devastadora. No todo el mundo es capaz de cuidar a su pareja durante episodios depresivos y maníacos y opta por la separación. Existe un alto índice de divorcios en matrimonios en los que uno de los dos padece esta enfermedad.

Los síntomas del trastorno pueden afectar la relación de pareja, ya sea porque el enfermo se muestra indiferente o irritable durante el episodio depresivo, o busca otras parejas sexuales y dice cosas ofensivas durante el episodio maníaco. Para muchos es más fácil aceptar que durante una Depresión no van a recibir muestras de amor, que aceptar las aventuras sexuales, aun sabiendo que esto también es síntoma de la enfermedad.

La responsabilidad de la pareja de un enfermo bipolar es enorme, ya que es quien deberá encargarse de todos los asuntos de ambos cada vez que se presenta una crisis. Además, es quien usualmente se encarga de cuidar al otro. Esto provoca un gran desequilibrio en la pareja.

Aceptar continuar la relación con un enfermo bipolar requiere mucha madurez. Es casi imposible lograrlo sin pedir ayuda psicológica; sin embargo, hay parejas que lo han conseguido. No hablamos aquí de mártires o héroes y heroínas que deciden llevar su cruz "porque se están ganando el cielo". Éstos acaban enfermando y su relación es destructiva. Las parejas que han podido salir adelante han hecho un gran esfuerzo, los dos, con una gran determinación y pidiendo ayuda. Son relaciones basadas en un gran amor, ésta es la fuerza que los sostiene y los lleva hacia adelante.

Los hijos

La edad que tienen los hijos cuando una familia se ve afectada por un trastorno bipolar es relevante en la manera como van a reaccionar. Para los niños, es particularmente difícil vivir con un padre o una madre que padece esta enfermedad. Se sienten confusos, con miedo, lastimados y hasta avergonzados. No saben cómo responder a las cosas que su mamá o papá enfermo les dice y muchas veces se sienten culpables, creen que la tristeza o el enojo se debe a algo que hicieron o que no son buenos hijos. Más tarde, aunque el episodio haya remitido y todo haya vuelto a la normalidad, siguen con miedo y estresados, cuidan todos sus actos y palabras para no provocar una reacción adversa y muchas veces hacen esfuerzos exorbitantes para ser el mejor de los hijos. Se les ve tratando de sacar las mejores calificaciones y siendo exageradamente ordenados, limpios y silenciosos. Otros están tan angustiados que no son capaces de concentrarse, reprueban en la escuela y no pueden terminar las actividades que empiezan. Hay niños que descargan la tensión con una gran agresividad hacia sus compañeros.

Lo primero que un niño necesita es saber que los cambios de temperamento de su mamá o su papá se deben a una enfermedad y no son culpa de nadie. El niño o niña que presenta las actitudes que describimos anteriormente necesita ayuda psicológica y sus padres deben hacer todo lo posible para que se sienta seguro y querido.

Si los episodios son severos y hay escenas de mucha agresividad, es mejor buscar ayuda para que el menor no esté expuesto ni sea el blanco de los ataques verbales o físicos del enfermo. Pasar unas semanas con los abuelos o tíos, lejos de su hogar y con incertidumbre, también es difícil para un niño, pero es mejor que exponerlo a escenas que pueden ser muy traumáticas para él.

> Mi esposa tenía una Depresión terrible. Mi niña de cinco años estaba preocupada y iba a verla a su recámara para llevarle flores o dibujos. Un día la encontré llorando porque su mamá le había dicho que se quería morir. Traté de calmarla y asegurarle que no se iba a morir y pronto se iba curar. Esa noche mojó la cama. La llevé con un especialista, que recomendó, además de apoyo psicológico, que no estuviera sola con su mamá mientras durara el episodio.

Cuando los hijos son más grandes, están más capacitados para entender la situación. De cualquier modo, no deja de ser difícil. Es necesario que estén bien informados y resolver todas sus dudas. Los hijos que de pronto se ven en la necesidad de cambiar roles con su mamá o su papá requieren mucho apoyo.

Algunos hijos o hijas tratan de compensar al padre que está sano por lo que su pareja ya no le está dando. Se vuelven sus confidentes y sacrifican actividades propias de su edad para cumplir este rol.

Cuando el enfermo bipolar es uno de los hermanos, los otros pueden sentir celos debido a la gran cantidad de atención que los padres le prestan al enfermo y la poca que él recibe. Su autoestima se ve afectada aunque no lo diga. Se sienten enojados y abrigan resentimientos contra el hermano enfermo. Es probable que el hermano sano intente escapar de la familia física o emocionalmente poniendo barreras. Puede sentirse culpable por estar sano mientras su hermano sufre y siente que no tiene derecho a pedir atención o expresar un problema. Puede volverse muy serio y comportarse como un adulto chiquito y después sentirá que perdió su infancia a causa de la enfermedad de su hermano. Algunos niños abrigan el temor de que ellos también podrían enfermar con el mismo trastorno y hacen un esfuerzo por demostrar su salud mental. Es probable que ya no sepa cómo relacionarse con el hermano enfermo y se aleje porque le tenga miedo o porque piensa que le puede hacer daño y empeorar su situación.

Parientes y amistades

> Los amigos verdaderos son los que vienen a compartir nuestra felicidad cuando se les ruega y nuestra desgracia sin ser llamados.
>
> Demetrio de Falera

Si usted está preocupado por un pariente o amigo que tenga trastorno bipolar, o se encuentre cuidando a alguien que lo padezca, es mucho lo que puede hacer por ayudar. Éste es el momento en que mejor se demuestran el cariño y la solidaridad y cuando más se necesitan.

Si su relación es con el enfermo, infórmese sobre la enfermedad; de esta manera no se verá afectado emocionalmente por sus cambios de temperamento. Mantenga una comunicación constante sin importar sus respuestas. Siempre trátelo con dignidad y respeto.

Se suele decir que los verdaderos amigos son los que están ahí en los malos momentos. Una persona que está deprimida necesita alguien a quien recurrir y aferrarse cuando nada más parece tener sentido en su vida. Necesita alguien incondicional que le ayude a superar algunos tiempos adversos.

Como amigo verdadero, ignorar el rechazo aparente de un amigo con un episodio maníaco o depresivo puede ser la prueba de fuego de su amistad. Conviene saber que a medida que el otro se recupera de su episodio, las relaciones vuelven a fortalecerse. Al ceder el episodio, las verdaderas cualidades de la persona reaparecen y se expresan con normalidad.

> Que uno de tus mejores amigos padezca el trastorno bipolar es muy triste. Sin embargo, uno aprende a lidiar con eso en aras de conservar la amistad. Cada vez que hablo con mi amigo sé que puedo esperar cualquier cosa. Si habla como lo hizo siempre sé que está en un periodo de normalidad, él está ahí. Si empieza a decir necedades, agresiones o pesimismos, sé que está siendo atacado por la enfermedad y todo lo que dice se me resbala; como quien dice: sólo escucho sin hacer ningún caso sin que me afecte.

Hágale saber que lo aprecia y lo quiere, que usted está ahí. Pregúntele si usted puede hacer algo por él. Si le es posible, ofrezca a quien lo esté cuidando relevarlo en un tiempo específico.

> Cuando estuve cuidando a mi mamá, mis hermanos y sobrinos venían a visitarla, lo cual a ella le hacía bien. A veces se quedaban una o dos horas, pero nunca avisaban cuando iban a

venir. Me di cuenta de que, de haberlo sabido, yo hubiera podido aprovechar ese tiempo para ir a tomar un café con una amiga y relajarme un poco. Les expliqué que si bien yo estaba de acuerdo en cuidarla, estaba siendo difícil dejar de lado mi vida personal y les pedí que me avisaran cuándo iban a venir y cuánto tiempo se iban a quedar para yo poder planear actividades que tenía pendientes o simplemente para salir y distraerme un poco. Funcionó muy bien y gracias a esas horas pude lidiar con la situación sin perder mi salud emocional y mental.

A veces dos horas de relevo son suficientes para que el cuidador se relaje y recargue las pilas. Para el enfermo es importante contar con su presencia, aunque a veces demuestre lo contrario. Si lo puede ir a visitar, llámele por teléfono. Si no toma la llamada, no se dé por vencido; sepa que todos los intentos cuentan para que sepa que no está solo.

Si su relación es con quien lo está cuidando ofrezca toda la ayuda que pueda darle. Cualquier cosa que pueda hacer será una gran ayuda. Con frecuencia, quien cuida a un enfermo se siente abrumado por la cantidad de responsabilidades y todo aquello que deja de hacer.

Fue muy difícil cuidar a mi esposo cuando tuvo un episodio depresivo severo. No sé qué hubiera hecho sin la ayuda de mi mejor amiga. Ella se encargó de llevar y traer a los niños a la escuela. Me traía comida hecha en su casa, ponía la lavadora, iba al banco, a la farmacia, al supermercado, a todo lo que yo necesitara. Los fines de semana, ella y su marido se llevaban a los niños a Cuernavaca. Yo bajaba a la cocina y descubría que ella había lavado y ordenado todo. Además, todos los días insistía en que la llamara a cualquier hora si las cosas se ponían difíciles. Yo me ocupé de su marido, pero ella se ocupó de mí; de otro modo, siento que hubiera enloquecido.

5

El trastorno bipolar en México

Por desgracia, no existe un padrón confiable sobre la incidencia de enfermedades mentales en nuestro país. Se estima que dos millones de individuos padecen del trastorno afectivo bipolar y sólo la mitad recibe tratamiento.

La Organización Mundial de la Salud define la salud mental como un estado de completo bienestar físico, mental y social y no solamente la ausencia de afecciones o enfermedades. Los conceptos de salud mental incluyen bienestar subjetivo, autonomía, competencia, dependencia intergeneracional y reconocimiento de la habilidad para realizarse intelectual y emocionalmente.

México tiene 2.7 psiquiatras por cada 100 000 habitantes y destina 0.85% del presupuesto nacional para salud en atender la salud mental. La Organización Mundial de la Salud (OMS) recomienda que este porcentaje sea de 10%. La discapacidad psiquiátrica en nuestro país como tal no existe, a pesar de que la OMS indica que las enfermedades mentales representan 13% entre las discapacidades.

De acuerdo con cifras de la OMS, el suicidio —el cual se relaciona estrechamente con enfermedades mentales— ocupa el quinto lugar en la población joven a nivel mundial. En México el INEGI lo reporta en segundo o en tercer lugar, dependiendo de la entidad federativa.

Otra cifra alarmante que proporciona la OMS es que, de las 10 enfermedades más frecuentes y de alto costo entre la población mundial, al menos cuatro son de tipo mental: la epilepsia, la Depresión, el alcoholismo y el trastorno bipolar. La Depresión es la cuarta enfermedad discapacitante en la población mundial. Se calcula que para el año 2020 será la segunda. En los países llamados en desarrollo, menos del 5% de las personas con Depresión recibe tratamiento.

La aceptación social de los enfermos mentales, así como la disposición de éstos para buscar ayuda profesional son fundamentales. En México la atención de los trastornos mentales se basa primordialmente en los pacientes que acuden o son llevados a la consulta, lo que generalmente ocurre cuando los problemas ya tienen una larga historia y se han vuelto críticos.

Una gran parte de la población mexicana con trastorno bipolar continúa siendo víctima de marginación debido a falta de información, sistemas de atención y diagnóstico eficaces. Las políticas de apoyo son casi inexistentes y los prejuicios sociales están todavía muy arraigados.

Xóchitl Álvarez, directora de la Asociación Mexicana de Trastorno Bipolar A. C. (Amate), explica que "la manera más fácil de solucionar el problema consiste en ocultar a quien sufre la enfermedad mental, pero ello no es, obviamente, lo más adecuado. Nos falta crear mayor conciencia sobre la naturaleza de este padecimiento para perder el miedo o vergüenza que genera y establecer redes de apoyo social más fuertes que permitan a los pacientes contar con la ayuda de sus seres queridos, en vez de vivir el rechazo ocasionado por desconocimiento". El trastorno bipolar en México es un problema de salud pública casi ignorado por los planes gubernamentales.

Por desgracia, no todos los hospitales en México están preparados para dar atención a los pacientes con trastorno bipolar. En muchas ocasiones, un individuo es llevado de uno a otro hospital sin encontrar un diagnóstico adecuado. Muchos son enviados a su casa con tranquilizantes porque se cree que sufren sólo de una crisis nerviosa. La asociación Amate reporta varios casos en los que se ha negado la atención en hospitales generales y hasta en mentales a pacientes en estado de euforia porque "actúan con violencia". Al regresarlos a su casa sin atención, la crisis suele empeorar.

"Nuestro sistema de atención médica no ha acabado de integrar a la salud mental", sostiene Xóchitl Álvarez. Como caso excepcional, encontramos en Aguascalientes un programa de difusión de la información acerca del trastorno bipolar, así como de atención especial a estos enfermos.

En países como Brasil y Colombia se ha logrado instalar un servicio de tratamiento integral. O sea que han integrado la salud mental como un rubro importante que se debe contemplar en todo paciente. Distintos médicos interactúan en la evaluación de cada paciente para dar un mejor servicio. Este sistema significa a la larga un ahorro al disminuir los elevados costos que generan miles de diagnósticos equivocados. Tales costos en nuestro país son exorbitantes cuando se considera la cantidad de hospitalizaciones, medicamentos y atención médica que se utiliza en todos aquellos padecimientos que se pudieron prevenir. Amate hace hincapié en el hecho de que muchas veces se ignora que las mujeres que toman fármacos para aliviar enfermedades mentales corren el riesgo de que se les detecte cáncer de mama o cervicouterino de manera tardía. "Los umbrales de dolor de quienes toman medicamentos especiales para estos padecimientos son más amplios, así que se quejan menos por problemas físicos; entonces, como algunos médicos sólo atienden el aspecto mental, sin detenerse a analizar qué pasa con las demás funciones del organismo, el diagnóstico de alguna tumoración llega cuando ésta ha avanzado demasiado."

La medicina preventiva en México lleva años de atraso. Ésta requiere no sólo la instalación de programas integrales en los centros de salud, sino también una gran campaña de educación tanto para los médicos de primer nivel como para el público en general.

El estigma social

> Triste época la nuestra. Es más fácil desintegrar un átomo que superar un prejuicio.
>
> A. Einstein

La palabra *estigma* viene del latín *stigma*, que significa "picadura", refiriéndose a la marca que deja un insecto. Con el tiempo, se ha utilizado con una connotación negativa. Una de las definiciones que da el diccionario de lengua española es *mala fama*. Indica que algo no es normal, como si tuviera una marca de desgracia.

A diferencia de aquellos que sufren enfermedades físicas, quienes tienen problemas de salud mental están en general marcados socialmente, son objeto de prejuicios y muchas veces se ven excluidos de la atención de salud y servicios sociales; además, son víctimas de discriminación. La estigmatización aumenta su sufrimiento al sentirse rechazados. Les resta oportunidades laborales y de integración a grupos sociales.

El estigma es tan negativo que muchos individuos no quieren afrontar sus síntomas, evitando el diagnóstico, el tratamiento e incluso la mención del trastorno. Tienen miedo a ser etiquetados como "locos" o "anormales". Mucha gente con Depresión tiene miedo de admitir, o incluso de pensar, que su problema es una enfermedad mental. Otros reconocen sus síntomas, pero no se sienten en libertad de hablar abiertamente de sus síntomas con nadie, menos con un médico, y sufren por un doble motivo: su enfermedad y la vergüenza. Para el enfermo mismo, es importante liberarse de los tabúes internos acerca de la enfermedad mental. La palabra "tabú" se refiere a un tema o actividad que evitamos o prohibimos debido a los usos sociales.

Este estigma se debe a la gran ignorancia que existe acerca de los problemas de salud mental. La humanidad siempre ha inventado mitos para explicar aquello que no comprende. Estos mitos y tabúes surgen del miedo a todo aquello que parece misterioso, en este caso el funcionamiento del cerebro humano. Son también la ignorancia y el miedo los que hacen que mucha gente se muestre intolerante ante aquellos que le parecen distintos. El estigma unido a la enfermedad mental hace que no quieran verlo en alguien cercano a ellos.

En pleno siglo XXI, todavía existe mucha gente que cree que los problemas de salud mental son causados por malos espíritus, que tienen su origen en una brujería o son la consecuencia de malos actos. Hay poblaciones que están convencidas de que una Depresión es un robo del alma por parte de alguna criatura sobrenatural, y un estado de Manía es una posesión demoníaca. Muchos creen que la Depresión se debe a una debilidad de carácter y acusan al deprimido de flojo. Asimismo, se limitan a señalar a quien padece de un episodio maníaco como inmoral. Otro mito acerca de las enfermedades mentales es que se deben a falta de inteligencia. Muchos estudios han demostrado que mucha gente con algún padecimiento de la mente muestra niveles de inteligencia muy superiores al promedio general.

Hay también ciertas palabras que ayudan a mantener vivo el estigma de la enfermedad mental. *Loco*, *zafado* o *desquiciado* y *mal de la cabeza* son términos que ofenden a quienes tienen problemas de salud mental y que ni siquiera existen en los manuales psiquiátricos. Son utilizados muchas veces sin mala intención; sin embargo, lastiman por igual tanto al individuo como a sus familiares. Tienen una connotación de burla que termina siendo cruel para los enfermos. Si a nadie se le ocurriría hacer chistes acerca de un enfermo con cáncer, ¿por qué se ridiculiza a estos enfermos cuando requieren el mismo respeto? Estas palabras refuerzan los estereotipos incorrectos y con ello el estigma.

Por ignorancia, los mitos se emplean a veces para negar la atención y cuidados necesarios y, en muchos casos, para administrar un trato cruel como el castigo físico, el confinamiento, el abandono o el aislamiento. Además de estos mitos, existen muchos otros en relación con los medicamentos. Se cree que son adictivos cuando no lo son, o que alternan la conducta normal cuando lo que hacen es precisamente regresar al individuo a la normalidad.

Por ignorancia, en México muchas familias rechazan al enfermo con trastorno bipolar, lo maltratan o abandonan. Con frecuencia terminan como vagabundos deambulando y durmiendo en la calle. Algunas tratan de ocultarlo porque, además de los problemas que genera el curso de la enfermedad, deben soportar las críticas de vecinos y conocidos, quienes hacen chismes o burlas sobre el individuo. Es común que muchos padres se sientan culpables del comportamiento errático de sus hijos y, por vergüenza, lo ocultan o lo envían a una escuela militar para ver si ahí lo "disciplinan". Además, mucha gente trata de evitar el contacto con un enfermo mental porque piensan que son peligrosos y violentos. La mayoría no lo son.

Siendo la nuestra una sociedad todavía muy machista, es más difícil para una mujer sobrellevar la enfermedad. Es más fácil que los padres y la esposa de un varón enfermo lo apoyen o le toleren sus cambios de humor. En cambio, cuando se trata de una mujer se le etiqueta de loca y se le segrega.

Socialmente, el término *enfermedad mental* todavía sugiere que no es lo mismo que una enfermedad física. Para muchos, no se trata de una condición médica, sino de un problema causado por los propios errores. Es común escuchar: "No tienes nada, todo está en tu cabeza". Para un enfermo maníaco-depresivo, los efectos del estigma pueden ser devastadores, en algunos casos peores que la enfermedad misma.

Resulta totalmente irracional que se estigmatice una enfermedad. Los medios de comunicación juegan un papel muy importante en esta cuestión, especialmente los televisivos. Por una parte, muchos contenidos de programas continúan difundiendo todos estos mitos, provocando que crezca el estigma y ofendiendo tanto a los enfermos como a sus seres queridos. Por otro lado, tienen la posibilidad de informar correctamente a la población.

voz Pro Salud Mental, una red de organizaciones de la sociedad civil (OSC) a nivel nacional abocada a mejorar la vida de las personas con enfermedad mental y sus familiares a través de la educación, reunió por segunda vez en septiembre de 2005, en las instalaciones del hospital San Rafael, a un grupo multidisciplinario integrado por profesionales de la salud mental, enfermeras, trabajadoras sociales, familiares y pacientes, miembros del sector académico y personas interesadas en lograr mejores servicios para todos aquellos afectados por la enfermedad mental con el propósito de impulsar y continuar con la reforma psiquiátrica en nuestro país.

Las recomendaciones que se dieron durante esta reunión son elaborar una política nacional de salud mental, porque México carece de ella, y una ley que la regule. La norma 025 regula actualmente el manejo de los enfermos mentales, pero se concentra fundamentalmente en las condiciones hospitalarias de los enfermos y no contempla las nuevas alternativas asistenciales que son prácticas probadas mundialmente y que han dado mejores resultados.

De acuerdo con los nuevos conceptos aceptados internacionalmente, se acepta que el modelo para la atención de los enfermos no es el único y en la mayoría de los casos no es el indicado. Por eso se sugieren modelos de atención comunitaria, los cuales deben de recibir un trato prioritario. Entre estas opciones se cuenta con hogares protegidos, casas de medio camino, atención domiciliaria, talleres protegidos y casas de día, entre otros. Ninguna de estas opciones se encuentra contemplada en la norma ni en los artículos destinados a la salud mental en nuestra actual ley de salud. Se necesita una ley que dé soporte y permita estas prácticas.

En nuestro país el recurso más socorrido continúa siendo la internación de los enfermos mentales en un hospital psiquiátrico. Estudios recientes han demostrado que sólo 5% de las personas con trastornos mentales requieren un internamiento de no más de nueve días. Los demás pueden ser atendidos de forma ambulatoria. Para lograr esto, es necesario crear primero otras alternativas. No es posible disminuir las camas de los hospitales para enfermos mentales sin antes contar con camas psiquiátricas en los hospitales generales, con hogares protegidos y casas de día, así como programas de reintegración social y laboral y de apoyo para los familiares de manera que los pacientes puedan reintegrarse a su comunidad. También es necesario que el gobierno cuente con un programa para poder cubrir los tratamientos farmacológicos mediante el subsidio de los medicamentos.

Las recomendaciones de este grupo son prácticas que se han llevado con éxito en otros países y también en algunos estados de la república, como Hidalgo y Aguascalientes, que hoy en día es el estado que más ayuda y atención presta a los enfermos con trastorno bipolar.

En mayo de 2006 se llevó a cabo en Chihuahua el Primer Congreso Internacional de Enfermeras, evento que reunió a personas interesadas en la educación sobre distintas especialidades de la enfermería. Ahí se planteó el problema de que, a pesar de los avances de la atención de salud, el desarrollo de métodos humanísticos, totales y científicos en los servicios de salud mental ha sido relativamente lento en comparación con el de otras especialidades, como la cirugía. Se propuso que para combatir el estigma y el miedo que se tiene a la "locura", es necesario fomentar una cultura de cuidados y compasión para las personas que padecen enfermedades mentales. Para esto se sugirieron entre otras las siguientes actividades:

1. Promover la salud y prevenir la enfermedad mental colaborando con otras profesiones y sectores en:

La formación del público en lo referente a los factores de riesgo.

Grupos de defensa que favorecen el acceso a los alimentos, la vivienda, la educación y otros recursos.

Programas positivos de relaciones parentales.

Formación en capacidades para la vida.

Escuelas adaptadas a los niños.

Pronta detección.

Servicios de envío de pacientes y de tratamiento.

Intervención temprana para niños que padecen problemas psicológicos.

2. Mejorar el acceso a los servicios de atención de salud mental:

Favorecer redes de servicios basados en la comunidad.

Promover grupos de apoyo periféricos e informales.

Participar en las políticas y planes nacionales de salud mental.

Centrarse en las poblaciones vulnerables.

Integrar la salud mental en los servicios de atención primaria de salud.

Influir para que se asignen recursos a la promoción de la salud mental.

Mejorar la calidad de los servicios de salud mental.

Influir para obtener un servicio de intervención rápida durante las 24 horas.

Desinstitucionalizar los servicios de salud mental.

3. Suprimir la exclusión y atreverse a prestar cuidados:

Hablar abiertamente en la comunidad de las enfermedades mentales.

Educar a las personas en lo referente a los factores de riesgo y el modo de reducirlos.

Proteger los derechos humanos y conseguir legislación que mejore los cuidados y reduzca el estigma social.

Divulgar cuestiones de salud mental mediante actos como el Día Mundial de la Salud Mental, que se celebra el 10 de octubre todos los años.

4. Promover la participación de la comunidad en la planificación como funcionamiento y evaluación de los servicios de salud mental:

Influir para que participen grupos de ciudadanos y consumidores.

Convencer a toda la comunidad de que la salud mental es asunto que le concierne.

Apoyar programas de ayuda, como los servicios de voluntariado.

Formar a los dispensadores de atención de salud para que participen en los cuidados y los faciliten.

Alentar la creación de redes y los grupos de ayuda recíproca.

Celebrar reuniones e intercambios de información con los dispensadores de salud y otros sectores.

5. Influir en los elaboradores de las políticas y en el público para que conozcan la importancia de:

La salud mental y los factores de riesgo medioambientales y sociales.

Aumentar los recursos financieros y humanos para promover, mantener y cuidar la salud mental.

Crear entornos saludables y sociedades de cuidados que reduzcan el estrés y fomenten el bienestar.

6. Abordar las necesidades de formación del personal de salud en los problemas de salud mental:

Emplear modelos de planes de estudios que tengan en cuenta las culturas.

Influir para que las enfermeras y otras personas ocupen puestos de directivos de salud mental, de investigadoras, de docentes y de modelos de referencia en contextos clínicos.

Impartir formación continua a los dispensadores de atención de salud.

Hacer investigaciones para establecer los efectos de las intervenciones de enfermería y los resultados de salud.

Preparar directrices y otros materiales de formación.

Una de las conclusiones de este congreso fue que "las enfermeras y demás profesionales de la salud desempeñan una función importante en la promoción de la salud mental, la prevención de la enfermedad mental y el mejoramiento del acceso a los servicios de salud mental. Asimismo, desempeñan un papel de formación del público y de eliminación del estigma social. Los profesionales de la salud deben ocuparse de reducir la falta de tratamientos de los desórdenes de salud mental. Se ha avanzado en nuevos tratamientos y cuidados y en lo que se refiere a las causas, vinculaciones, características y prevención de los problemas de salud mental. Los beneficios de este conocimiento deben llegar a todas las personas que tienen problemas de salud mental, especialmente las poblaciones vulnerables".

La estrategia de cooperación con México de la Organización Panamericana de la Salud (OPS) y la Organización Mundial de la Salud (OMS) para el periodo 2005-2009, en su recomendación para la reducción de riesgos y promoción de la salud, propone "la promoción de la salud mental con reducción de violencia y accidentes; prevención y mitigación de emergencias y desastres y salud familiar y comunitaria con énfasis en atención integral".

En Madrid, España, se llevó a cabo un estudio acerca del impacto que tiene la estigmatización de los padecimientos mentales tanto en los enfermos como en sus familiares y la sociedad en general. A partir de sus conclusiones se dieron las siguientes recomendaciones para favorecer una lucha más eficaz contra el estigma de la enfermedad mental:

- Profundización e incremento de las medidas de apoyo a la integración laboral y social de las personas con enfermedad mental crónica.
- Mejora de las estrategias de afrontamiento al estigma en personas que padecen una enfermedad mental y sus familiares mediante intervenciones específicas generadas desde los propios recursos y las entidades asociativas.
- Mejora de la información para los familiares acerca de la enfermedad mental, especialmente en lo referente a las posibilidades de autonomía e independencia y opciones de rehabilitación y tratamiento.
- Mejora de la información en la población general a través de campañas generales y específicas, centradas en la divulgación de la realidad actual de la enfermedad mental y las posibilidades reales de rehabilitación, tratamiento e integración social, diferenciando adecuadamente la enfermedad mental de otras condiciones de dependencia.
- Elaboración y difusión de manuales de estilo y normas específicas destinados a medios de comunicación para el tratamiento de los términos relacionados con la enfermedad mental.
- Control del cumplimiento de estas normas mediante campañas de seguimiento mediante la creación de un observatorio de seguimiento de su uso.
- Apoyo a la difusión social de noticias positivas relacionadas con la enfermedad mental y su tratamiento no vinculadas con los estereotipos de genialidad (por ejemplo, apertura de centros de rehabilitación, inversiones en recursos y servicios, nuevas alternativas terapéuticas...).

Como puede verse, hay gran similitud en lo que los diferentes organismos proponen al reconocer que el estigma es un problema serio que hay que solucionar. El antídoto contra el mito, el estigma y el tabú es el conocimiento. Éste no se puede adquirir en unos minutos, sino que aprender es una tarea larga y difícil, pero vale la pena hacerlo por uno mismo y por los demás. Estar informado e informar son los mejores remedios para acabar con la ignorancia.

Si usted es compañero de trabajo, supervisor o jefe de alguien que está deprimido, es una persona muy importante. Forma parte del entorno en el que vive la persona deprimida. Puede ser que esté también en la mejor posición para disipar los mitos en su lugar de trabajo, para romper el tabú y para liberar el estigma.

Centros de ayuda en México

Aguascalientes

Centro Neuropsiquiátrico
Km. 4.2 Carretera a la Cantera, frente a UNITEC
C.P. 20206, Aguascalientes, Ags.
Tel. 01 449 97 60587
Ext. 133

Clínica de Paidopsiquiatría
Av. Veracruz No. 613, Col. San Marcos
Tel. 994 2381

Hospital de Psiquiatría Dr. Gustavo León Mojica García
Carretera a la Cantera Km. 4.2 s/n, Fracc. Jardines del Lago
Tel. 976 0587 al 89

Hospital Tercer Milenio
Av. Siglo XXI, Cd. Satélite
Cuernavaca, Morelos
Tels. 977 6275 al 79
Fax 977 6280

Agua Clara
Artillero Mier 905, Colonia Satélite
Cuernavaca, Morelos
Tels. 977 5240 y 977 1558
Las 24 horas del día, los 365 días del año. Las cuotas son muy bajas de acuerdo con la capacidad y las necesidades del paciente.

Baja California Norte

Hospital Psiquiátrico Municipal Tijuana, B.C.
Vía Rápida No. 12671, Col. 20 de Noviembre
Tijuana, B.C.
Tels. 01 664 62 22347 y 01 686 84 27071, Ext. 4
Fax 01 664 68 10792

Baja California Sur

Hospital Psiquiátrico de Chametla
Km. 11.5 Carretera al Norte Ejido en Centenario
C.P. 23000, La Paz, B.C.S.
Tel. 01 612 12 46213
Fax 02 612 12 46730

Campeche

Hospital Psiquiátrico de Campeche
San Francisco Koben s/n
Km. 26.5 Carretera Campeche-Tenabo
Col. San Francisco Koben, C.P. 244000
Campeche, Camp.

Coahuila

Instituto de Servicios de Salud, Rehabilitación y Educación Especial e Integral
Blvd. Isidro López Zertuche Norte 4295 Int. 2
Col. Virreyes Obrera, C.P. 25220, Saltillo, Coah.
Tel. 01 844 41 57421
Fax 01 844 41 57467

Centro Estatal de Salud Mental de Saltillo
Martín Enrique y Juan O'Donojú s/n, Col. Virreyes Colonial
C.P. 25000, Saltillo, Coah.
Tel. 01 844 41 50763, Ext. 103 (Dirección)
Fax 201

Hospital Psiquiátrico Parras de la Fuente
Nicolás Bravo No. 1, Esq. Matamoros, C.P. 27980
Parras de Fuente, Coah.
Tel. y fax 01 842 42 22399 y 01 842 422 2900

Colima

Clínica Psiquiátrica del Hospital General de Ixtlahuacan
5 de Mayo No. 87, Col. Centro
C.P. 28700, Colima, Col.
Tel. 01 313 32 49045

Chiapas

Casa-Hogar para Enfermos Mentales San Agustín
Km. 8.5 Carretera Tuxtla Gutiérrez-Villa Flores
C.P. 29007, Tuxtla Gutiérrez, Chis.
Tel. 91661 50384

Chihuahua

Centro de Salud Mental de Chihuahua
Km. 6.5 de la Carretera a Ciudad Cuauhtémoc
Col. Zootecnia, Chihuahua, Chih.
Tels. 01 614 43 40211 y 01 614 43 40065
Conm. 01 614 43 40836, Ext. 120

Hospital Psiquiátrico Civil Libertad
Ignacio Alatorre No. 870 Sur, Chaveña
C.P. 32000, Ciudad Juárez, Chihuahua
Tel. 01 656 61 20134

Durango

Hospital de Salud Mental Dr. Manuel Valle Bueno
Poblado 20 de Noviembre
Domicilio conocido, Col. 20 de Noviembre, A.P. 4-036
C.P. 34304, Durango, Dgo.
Tels. 01 618 81 40479, 01 618 81 41096 y
01 618 81 46630, Ext. 201 (Dirección)

Distrito Federal

Asociación Mexicana de Trastorno Bipolar (Amate), A.C.
Cuauhtémoc 91-1, colonia Roma
México, D.F.
Tel. 8596 7828
http://www.amate.org.mx
amate1@prodigy.net.mx
Ofrece talleres y charlas informativas sobre salud mental dirigidas a la población en general; programas educativos acerca del

trastorno bipolar desarrollado especialmente para pacientes, familiares de éstos y comunidades de referencia; grupo de apoyo para pacientes, familiares y amigos; programas de educación, información y asesoría; referencia a centros especializados en la atención del trastorno bipolar y conferencias. De lunes a sábado de 10:00 a 18:00 horas.

Centro Comunitario de Salud Mental
(Cecosam) Cuauhtémoc
Dr. Enrique González Martínez No. 131
Col. Santa María la Ribera
Deleg. Cuauhtémoc, C.P. 06400, México, D.F.
Tels. 5541 4749 y 5541 1224
Fax 5541 16 77

Centro Comunitario de Salud Mental
(Cecosam) Zacatenco
Huanuco No. 323 Esq. Av. Ticomán
Col. Residencial Zacatenco,
Deleg. G.A. Madero, C.P. 07360, México, D.F.
Tels. 5754 6610 (Dirección)/5754 2205 (Informes)

Centro Educativo Neurocom, S.C.
(Educación especial)
Calle Morena 425, Col. Del Valle
México, D.F.
Tel. 5687 4368

Centro Integral de Salud Mental (Cisame D.F.)
Periférico Sur No. 2905
Col. San Jerónimo Lídice
C.P. 10200, México, D.F.
Tels. 5595 5651 y 5595 8115
Fax 5595 5651

Centro de Orientación para Trastornos Afectivos, IAP
Aristóteles 132, Col. Polanco, México, D.F.
Tels. 5280 3072 y 5280 3197

Clínica 10, Instituto Mexicano del Seguro Social
Calzada de Tlalpan No. 931
Col. Niños Héroes de Chapultepec
C.P. 03410, Tlalpan, México, D.F.
Tels. 5579 6122 y 5579 6130
Fax 55790 6359

Clínica de Especialidades Psicológicas, S.A. de C.V.
Río Bamba No. 740, Col. Lindavista
C.P. 07300, México, D.F.
Tels. 5754 5864 y 5119 0959
(Las sesiones de psicoeducación se imparten de manera mensual y son dirigidas a pacientes, familiares y pasantes de psicología.)

Clínica de Salud Mental
Departamento de Psicología Médica
Psiquiátrica y Salud Mental
Facultad de Medicina de la UNAM
Circuito Interior y Cerro del Agua
Apartado Postal No. 70167
Ciudad Universitaria
C.P. 04510, México, D.F.
Tels. (915) 62 32128-29 y 561 62475
Fax 561 62475

Clínica de Neurología y Psiquiatría, ISSSTE
Prolongación Guerrero No. 346
Unidad Nonoalco Tlaltelolco
C.P. 06300, México, D.F.
Tels. 5597 9759 y 5583 6895

Clínica San Rafael para Trastornos Afectivos
Av. Insurgentes Sur 4177, C.P. 14420
Col. Santa Úrsula Xitla
Delegación Tlalpan, México, D.F.
Tels. 5655 4004 y 5573 4266
Fax 5655-3077
Servicio las 24 horas

Grupo de Estudios Médicos y Familiares Carracci, S.C.
Luis Carracci No. 107, Col. Insurgentes Extremadura
Deleg. Benito Juárez, C.P. 03740, México, D.F.
Tel. 5611 3028
Fax 3330 0108
El primer lunes de cada mes se imparten diferentes clases con temas relacionados con el trastorno bipolar (entrada libre).

Hospital Campestre Dr. Samuel Ramírez Moreno
Carretera México-Puebla
Col. Santa Catarina, Tláhuac, D.F.
Tels. 5842 1602 y 5842 1610
Fax 5842 3502

Hospital Central Militar Secretaría de la Defensa Nacional
Av. Ejército Nacional s/n y Periférico
Col. Lomas de Sotelo
C.P. 11649, México, D.F.
Tels. 5557 3100 y 5557 9755
Fax 5395 1881

Hospital Psiquiátrico Fray Bernardino Álvarez
Av. San Buenaventura y Niño Jesús, Deleg. Tlalpan
C.P. 14000, México, D.F.
Tels. 5573 0386, 5573 1550 y 5573 0387
Fax 5655 0388

Hospital Psiquiátrico Dr. Samuel Ramírez
Autopista México-Puebla Km. 5.5, Esq. Eje 10 Sur
Col. Santa Catarina
Deleg. Tláhuac, C.P. 13100, México, D.F.
Tels. 5860 1907 y 5860 1573

Hospital Psiquiátrico Infantil Dr. Juan N. Navarro
San Buenaventura No. 86, Col. Belisario Domínguez
Deleg. Tlalpan, C.P. 14080, México, D.F.
Tels. 5573 2855 (Dirección) / 5573 4844 (conmutador)

Hospital Psiquiátrico Instituto Mexicano del Seguro Social
San Fernando
Av. San Fernando No. 201, Deleg. Tlalpan, México, D.F.
Tels. 5606 8323, 5605 8495, 5606 8548 y 5606 9644
Fax 5606 9649

Hospital Psiquiátrico San Juan de Aragón IMSS
Calzada San Juan de Aragón No. 311
Col. San Pedro El Chico,
Deleg. Gustavo A. Madero, C.P. 07480, México, D.F.
Tels. 5577 4419, 5577 7292 y 5577 6043

Instituto Nacional de Neurología y Neurocirugía
Dr. Manuel Velasco Suárez
Insurgentes Sur No. 3877
Col. La Fama
Deleg. Álvaro Obregón, C.P. 14269, México, D.F.
Tel. 5606 3822

Instituto Nacional de Psiquiatría Juan Ramón de la Fuente
Calz. México-Xochimilco No. 101
Col. San Lorenzo Huipulco
Del. Tlalpan, C.P. 14370, México, D.F.

Instituto de Salud Mental DIF
Periférico Sur No. 2905
Col. San Jerónimo Lídice
México, D.F.
Tels. 5595 8176 y 5595 5651

Organización Nacional de Trastorno Bipolar y Depresión, A.C.
Cuauhtémoc No. 91-1, Col. Roma Sur
México, D.F.
Tels. 5514 1528 y 8596 7828
E-mail: marmolejo@infosel.net.mx

Estado de México

Hospital Psiquiátrico José Sáyago
Km. 33.5 Carretera Federal México-Pirámides
Mpio. de Acolman, C.P. 55885
Tepexpan, Edo. de Méx.
Tel. 01 594 95 71836

Hospital Psiquiátrico Dr. Adolfo M. Nieto
Km. 33.5 Carretera Federal México-Pirámides
Mpio. de Acolman, C.P. 55885
Tepexpan, Edo. de Méx.
Tel. 01 594 95 70482
Fax 01 594 95 70003

Hospital Psiquiátrico Granja La Salud Tlazolteotl
Km. 33.5 Carretera Federal a Puebla
C.P. 56530, Ixtapaluca Zoquiapan, Edo. de Méx.
Tel. y fax 5972 1640 y 5972 0028

GUANAJUATO

Hospital de Salud Mental San Pedro del Monte
Carretera Antigua a San Francisco del Rincón
Km. 8, San Pedro del Monte, A.P. 271
C.P. 37000, León, Gto.
Tels. 01 477 74 88201 y 01 477 74 88202, Ext. 1
Fax 9

HIDALGO

Villa Ocaranza
Km. 62.5 Carretera México-Pachuca
Municipio de Tolcayuca, Hidalgo
C.P. 47083, Pachuca, Hgo.
Tel. 01 743 79 13116, Exts. 8411 y 8412

JALISCO

Centro de Atención Integral de Salud Mental
Estancia Prolongada
Km. 17.5 Carretera a Chapala-Zapote del Valle
Mpio. Clajomulco Zúñiga, C.P. 45670
Tels. 01 333 69 60201 y 01 333 69 60274
Ext. 102 (Dirección)

MICHOACÁN

Hospital Psiquiátrico Dr. José Torres Orozco
Miguel Arreola No. 450
Col. Poblado Ocoluse

C.P. 58279, Morelia, Mich.
Tel. 01 443 31 45566
Fax 01 443 31 40674

Centro Michoacano de Salud Mental (DIF)
Entre la Universidad La Salle y Campestre Herandeni, salida
Carretera Michoacán-Guanajuato
Tels. 01 443 32 15100 y 01 443 32 15101

Morelos

Hospital del Niño Morelense
Calle Gustavo Gómez Azcárate No. 205
Col. Lomas de la Selva, C.P 62270, Cuernavaca, Morelos
Tels. (01777) 31 13802 y 03, Ext. 2203
Consulta Externa, Ext. 2245 (Psicología)
Fax 01777 31 1117

Hospital General de Cuernavaca
Av. Domingo Diez s/n esq. Gómez Azcárate,
Col. Lomas de la Selva, C.P. 62270
Cuernavaca, Morelos
Tel. 01777 31 12262

Hospital General de Cuautla
Carretera México-Cuautla, Km. 98.2
Col. M. Hidalgo, C.P. 62748
Cuautla, Morelos
Tel. 0173531944

Hospital General de Tetecala s/n
C.P. 62620, Tetecala, Morelos
Tel. 017 51 17004

Hospital General de Axochiapan
Prolongación Zaragoza No. 8
Axochiapan, C.P. 62950
Tel. 769 35 10100

Hospital General de Jojutla
Av. Universidad s/n
Col. Centro, Jojutla, C.P. 62900
Tel. 017 34 22224

Sistema DIF Estatal
CADI Centro de Asistencia y Desarrollo Infantil Tekio (CENDI)
Cerrada Niños Héroes No. 20
Col. Antonio Barona, Cuernavaca, Morelos
Tel. 769 31 57254
Atención a menores de 45 días de nacidos hasta 4 años. Lunes a viernes de 8:00 a 15:30 hr.

Nayarit

Centro Terapéutico Estado de Nayarit
Blvd. Tepic-Jalisco No. 346, Col. Miravalle
C.P. 63184, Tepic, Nay.
Tels. 01 913 21 34425 y 01 913 21 34426

Nuevo León

Hospital Regional de Especialidad No. 22 (IMSS)
Rayones No. 965, Col. Topo Chico
C.P. 64260, Monterrey, N.L.
Tel. 01 918 35 23051
Fax 01 918 35 23051

Hospital Psiquiátrico Estatal
Capitán Mariano Azuela No. 680
Col. Buenos Aires, Monterrey, N.L.
Tel. 8128 5858

Oaxaca

Hospital Psiquiátrico Cruz del Sur
Km. 18.5 Carretera Oaxaca-Puerto Escondido
Reyes Mantecón, A.P. 244
C.P. 71250, Oaxaca, Oax.
Tel. 01 951 54 60064

Puebla

Hospital Psiquiátrico Dr. Rafael Serrano
Km. 7.5 Carretera Puebla-Valsequillo
Col. El Batam, C.P. 72573
Tels. 01 222 21 61399 y 01 222 21 61540, Ext. 104

Hospital Psiquiátrico para Mujeres San Roque
Maximino Ávila Camacho No. 607, Col Centro
C.P. 72000, Puebla, Pue.
Tel. 01 912 24 70622

San Luis Potosí

Clínica Psiquiátrica Dr. Everardo Newmann Peña
Jesús Goytortua No. 1148, Prolongación Santos Degollado
Col. Burócratas C.P. 98290, San Luis Potosí, S.L.P.
Tel. 01 444 81 72373
Fax 01 444 83 30504

Clínica Psiquiátrica Vicente Chico Sein
Km. 8.5 Carretera a Matehuala
Antiguo Camino de Golf, A.P. 84
C.P. 78430, Soledad de Graciano Sánchez, S.L.P.
Tel./fax 01 914 81 23623

Sinaloa

Hospital Psiquiátrico Dr. Alfonso Millán
Carretera Culiacancito Km. 2.8, Fraccionamiento Horizonte
C.P. 80400, Culiacán, Sinaloa
Tels. 01 662 21 65457 y 01 662 21 64200
Fax 01 662 21 85181

Sonora

Hospital Psiquiátrico Cruz del Norte
Av. Luis Donaldo Colosio Esq. Carlos Quintero Arce
Col. El Llano, A.P. y C.P. 83270, Hermosillo, Son.
Tels. 01 662 21 65457 y 01 662 21 64200
Fax 01 662 21 85181

Hospital Psiquiátrico Dr. Carlos Nava Muñoz
Prolongación Pino Suárez No. 182 Sur, Col. Centro
C.P. 83000, Hermosillo, Sonora
Tel. 01 912 21 71468

Tabasco

Hospital Psiquiátrico de Villahermosa
Calle Ramón Mendoza s/n

Col. José María Pino Suárez, Zona Asistencial
C.P. 86010, Villahermosa, Tab.
Tel. 01 993 35 70807
Fax 01 993 35 70889

Tamaulipas

Hospital Psiquiátrico de Tampico
Av. Ejército Mexicano No. 1403
Col. Allende, C.P. 89130, Tampico, Tamps.
Tel. 01 833 21 31862
Fax 01 833 21 70679

Centro Estatal de Salud Mental de Matamoros, Tamps.
Tels. 01 868 81 23477 y 01 868 81 33186

Veracruz

Hospital Psiquiátrico Dr. Víctor Concha
Sur 23 s/n Oriente 2
Plaza de la Concordia, Centro
C.P. 94300, Orizaba, Veracruz
Tel. 01 272 724 30 80

Unidad Hospitalaria de Salud Mental
Aguascalientes 100
Col. Progreso Macuiltepec
C.P. 91130, Jalapa, Ver.
Tel. 01 228 84 35151, Ext. 404
Fax 402, 404 y 408

Yucatán

Hospital Psiquiátrico Yucatán
Calle 116 s/n X 59, Col. Francisco I. Madero
C.P. 97230, A.P. 398
Mérida, Yucatán
Tel. 01 999 94 51502, Ext. 117

Zacatecas

Centro de Salud Mental
Av. González Ortega Esq. Dr. Castro Villagrana, s/n
Col. Centro, C.P. 98000, Zacatecas, Zac.
Tel. 01 492 92 39494

http://bipolarmexico.foros.ws

Bibliografía

American Psychiatric Association, *Diagnostic and Statistical Manual of Mental Disorders,* 4a. ed., revisión de texto (DSM-IV-TR), 2000, EUA.

Bloch, Jon P., Ph. D., *The Everything Health Guide to Bipolar Disorder,* Adams Media, 2006, EUA.

Brown, E.S., Suppes, T., Adinoff, B. y Thomas, N.R., "¿Drug Abuse and Bipolar Disorder: Comorbidity or Misdiagnosis?", *Journal of Affective Disorders* 65, 105-115, 2001.

Colom, Francesc y Vieta, Eduard, *Manual psicoeducativo para el trastorno bipolar,* Ars Médica, 2006, Barcelona.

——y cols., *Archives of General Psychiatry*, 2003.

Chengappa K.N., Roy y Gerson, Samuel (eds.), *Bipolar Disorders, an International Journal of Psiquiatry and Neurosciences,* vol. 4, núm. 2, 2006; vol. 5, núm 2, 2007; vol. 9, núm. 4, 2007, Blackwell Munskgaard, Pittsburgh, EUA.

Dupont Villanueva, Marco Antonio, *Trastorno bipolar*, vol. 2, Editorial Alfil, 2006, México.

Feinman, J.A., Dunner, D.L., "The Effect of Alcohol and Substance Abuse on the Course of Bipolar Affective Disorder", *Journal of Affective Disorders* 37, 43-49, 1996.

Gorka, Eugene D. y Willis, Kerry C., *Hidden in Plain View: A Review Article on Bipolar Disorder,* Primary Psichiatry, 2006, EUA.

Kessing, L.V., "The Effect of Comorbid Alcoholism on Recurrence in Affective Disorder: A Case Register Study", *Journal of Affective Disorders* 53, 49-55, 1999.

Mondimore, Francis Mark, M.D., *Bipolar Disorder*, John Hopkins Press Health Book, 1999, EUA.

Salloum, I.M., Cornelius, J.R., Mezzich, J.E., Kirisci, L., Daley, D.C., Spotts, C.R. y Zuckoff, A., "Characterizing Female Bipolar Alcoholic Patients Presenting for Initial Evaluation", *Addictive Behaviors* 26, 341-348, 2001.

Sánchez Planell, Luis, Vallejo Ruiloba, Julio, Menchón Magriña, José Manuel y Díez Quevedo, Crisanto, *Patologías resistentes en psiquiatría,* Ars Médica, 2005, Barcelona.

Swendsen, J.D. y Merikangas, K.R., "The Comorbidity of Depression and Substance Use Disorders", *Clinical Psychology Review* 20, 173-189, 2000.

Tanur Tatz, Bernardo, Córdoba Pluma, Víctor Hugo, Escarela Serrano, Maricela y Cedillo Pérez, María del Carmen, *Bioética en medicina, actualidad y futuro,* Editorial Alfil, 2008, México.

Vieta, Eduard, *Managing Bipolar Disorder in Clinical Practice*, Current Medicine Group, 2007, Gran Bretaña.

Esta obra se terminó de imprimir en enero del 2009,
en los talleres de Litográfica Ingramex, S.A. de C.V.
Centeno 162-1, Col. Granjas Esmeralda,
C.P. 09810, México, D.F.